MÉMOIRES
HISTORIQUES
DE
MARIE-THÉRÈSE-LOUISE DE CARIGNAN,

PRINCESSE

DE LAMBALLE,

Une des principales Victimes des Journées des 2 et 3 Septembre 1792;

PUBLIÉS PAR Mme. GUÉNARD,

BARONNE DE MERÉ.

QUATRIÈME ÉDITION.

TOME SECOND.

A PARIS,

Chez LEROUGE, Libraire, passage du Commerce, quartier Saint-André-des-Arcs.

1815.

MÉMOIRES

DE LA PRINCESSE

DE LAMBALLE.

II.

DE L'IMPRIMERIE DE LEFEBVRE,
RUE DE BOURBON, N°. 11, F. S.-G.

MÉMOIRES

HISTORIQUES

DE

MARIE-THÉRÈSE-LOUISE DE CARIGNAN,

PRINCESSE

DE LAMBALLE.

J<small>AMAIS</small> la cour n'avait paru aussi tranquille que dans cette année; on se félicitait de la paix, dont le premier article avait été la reconnaissance de l'indépendance de l'Amérique; et Louis XVI, qui ne connaissait que le bonheur de ses semblables, s'estimait heureux en pensant que des hommes dont il prisait les vertus lui devaient la liberté ; liberté, comme je l'ai déjà dit, qui devait lui être si funeste, et dont la France ne recueillit alors d'autre fruit que la haine implacable des Anglais, qui ne nous ont jamais pardonné de leur avoir enlevé la domination du continent de l'Amérique septentrionale............... .... Mais accusera-t-on le roi de n'avoir suivi que les mouvemens de son cœur ? Imaginait-il que parmi ses sujets il se trouverait des âmes assez atroces pour s'unir à ses ennemis ? Et lorsqu'il voyait régner, en apparence, autour de lui, la paix et le repos, pouvait-il croire que déjà la terre sur laquelle il marchait, semblable à celle qui avoisine les volcans, renfermait dans ses entrailles les matières qui, mises en action par des scélérats, la feraient entr'ouvrir sous ses pas, et l'engloutirait pour jamais? Il ne faisait aucune attention à ce goût dominant des modes anglaises que les chefs de la conspiration qui se tramait contre lui avaient amenées en France, ni aux fréquens voyages que ces hommes faisaient à Londres. Il ne voyait, dans les manières qu'ils affectaient, que des ridicules, où l'envie de se singulariser. Naturellement tolérant, il respectait, dans tous ses sujets, la liberté de penser, et souffrait que chacun exprimât ouvertement ses opinions, et, quelque hardies qu'elles fussent, il les croyait peu dangereuses, parce qu'il pensait que ceux qui les professaient n'avaient aucun moyen de nuire.

A cette époque, les philosophes seuls prédisaient une révolution, les uns par l'exagération de leur philanthropie, les autres pour se rendre célèbres. Mais ces élémens de désordre étaient, comme je le dis, renfermés dans les ténèbres, et jamais on ne se crut plus à l'abri de tout mouvement. La situation des finances, quoiqu'assez mauvaise, n'alarmait pas. Des impôts et des emprunts suppléaient à tout. L'état ressemblait à ces jeunes gens qui dévorent leur patrimoine, mais qui, tant que cette ressource subsiste, ne s'aperçoivent pas de la misère qui les menace. Le roi, dont l'éxtrême bonté a été taxée de faiblesse, s'imposait la plus sévère économie; mais il n'avait pas le courage d'exiger la même retenue dans les personnes de la famille royale. Déjà sa maison militaire et domestique avait souffert une telle diminution, qu'elle n'avait plus rien de cette magnificence des derniers règnes. Il n'avait ni maîtresse, ni favoris, et cependant des sommes immenses étaient employées à des dépenses multipliées, qui n'ajoutent rien à l'éclat du trône. Le peuple souffrait, mais les courtisans étaient heureux; et Paris, qui n'a de commerce que celui des bagatelles inutiles, s'enrichissait aux dépens du reste de l'état, dans un cercle dont les rayons ne s'étendaient qu'à une distance bien peu considérable, en comparaison du reste de l'empire : tous les plaisirs, les arts, le goût et l'abondance se trouvaient réunis; et tout le talent des ministres consistait à empêcher que le roi ne portât plus loin ses regards. Si les plaintes de ceux qui ne participaient pas à l'opulence factice qui environnait le trône, arrivaient à son cœur vraiment paternel, il se fâchait, menaçait de disgracier ceux qui ne remplissaient pas ses intentions, s'affligeait d'être si mal secondé; mais on lui promettait des temps plus heureux; on imposait silence à ceux qui avaient osé élever la voix; et le roi, semblable à une mère tendre, réveillée par les cris de son enfant, qui se rendort dès qu'elle ne l'entend plus, retrouvait sa sécurité lorsque les ministres étaient parvenus à lui dérober la connaissance du malheur des habitans de la campagne.

Ce fut ce calme décevant qui laissa à ses ennemis, ou plutôt à ceux de la patrie, le temps de préparer dans le silence les secousses rapides qui firent disparaître du sol de la France un trône affermi par quatorze siècles. Mais les moyens qu'ils employèrent furent si obscurs, qu'il est presque imposible de les décrire. Aussi ces années, jusqu'à celles qui touchèrent la révolution, n'offrent aucun évènement mémorable. Et la princesse de Lamballe, que la faction des Polignac avait presqu'entièrement éloignée de l'intimité de la reine, vivait en simple particulière, consacrant une grande partie de ses revenus à soulager les infortunés, ou à récompenser les actes de vertu : j'en rapporterai quelques exemples. Le récit des actions glorieuses sert d'émulation à ceux qui courent la carrière militaire ; celui des traits de bienfaisance engage à les imiter. Je me plais donc à peindre madame de Lamballe et M. de Penthièvre répandant leurs bienfaits sur la femme Meuthe, qui, mère de dix enfans, en adopte un onzième resté sans parens et dans la plus profonde misère. J'aime à la voir encourager, par sa présence, les travaux de Tréport, dans le comté d'Eu, qui ont conservé le port de Dieppe, qui, sans les écluses que le prince fit faire à ses frais, aurait fini par se combler. Il n'appartient qu'aux grands propriétaires de s'immortaliser par de semblables entreprises ; mais il faut, pour être digne de mériter cet honneur, ne pas dissiper en folles dépenses, pour des chiens, des chevaux et des femmes perdues, les revenus de ces mêmes terres, qui, reportés sur le sol, lui donnent la fertilité, et, par elle, enrichissent l'État.

Les âmes douces et exemptes de passions trouvent, dans les découvertes des arts, un aliment au feu qui les anime sans les dévorer. Aussi, madame de Lamballe prit un vif intérêt à la découverte que fit M. Mongolfier, d'une nouvelle manière de voyager, qui n'avait eu jusqu'alors aucun exemple. Elle assista, avec toute la cour, à sa première expérience. Il enleva de Versailles, le 19 septembre 1783, cette machine aérienne à laquelle il donna son nom. Il avait adapté à la Mongolfière une espèce de cage qui renfermait trois animaux de mœurs et de goût fort opposés; le coq, dont le fier courage l'a fait prendre pour devise aux Français; l'agneau, doux et timide, emblême plus mystérieux et non moins révéré: quant à leur troisième compagnon, sa démarche pénible et son goût pour les eaux fangeuses ne lui auraient pas fait prendre sa route au-dessus des nuages; et le pauvre canard, qui n'avait jamais quitté les bords de l'abreuvoir qui l'avait vu naître, ne fut pas peu surpris de se voir enlever à quatre cents toises. MM. Mongolfier et Pilâtre-Desrosiers, qui avaient jugé de la direction, suivirent la machine aérienne, et arrivèrent au moment où elle tomba dans le bois de Vaucresson, à une demi-lieue du point du départ. La cage avait été séparée par l'effet de la chute. Mais ces premiers aréonautes, qui n'avaient nulle idée du danger de l'expérience, et dont ce violent exercice avait excité l'appétit, mangeaient tranquillement. On les rapporta en triomphe; et le roi, après avoir félicité l'auteur de cette importante découverte, ordonna que les trois animaux qui avaient démontré la possibilité d'exister au-dessus de la région nébuleuse, fussent nourris et conservés avec grand soin à la ménagerie: acte de bonté que je consigne ici, et qui peint le caractère de Louis; car celui qui est bon pour les animaux, est rarement méchant pour les hommes. Comme madame de Lamballe descendait de la terrasse pour se promener dans les bosquets, elle aperçut un des ouvriers qui avait été employé à la construction de la Mongolfière, qu'elle avait vu travailler à Rambouillet; et comme il pleurait, elle lui demanda ce qu'il avait. — Pardi, madame, j'en ai sujet; j'avais dit à M. Mongolfier, laissez-moi monter dans cette galerie que vous faites au-dessous de la machine; il n'a jamais voulu, et a prétendu qu'il ne risquerait point la vie d'un homme. Il y a mis trois animaux; et voilà à présent qu'ils vont vivre à leur aise, sans que rien ne leur manque; si le roi a eu tant de bonté pour des bêtes, que n'aurait-il pas fait pour un pauvre artisan comme moi? ma fortune serait faite... Je ne m'en consolerai jamais. — Madame de Lamballe rit beaucoup de cette ingénuité, et lui donna quelques louis pour le consoler d'avoir manqué une si belle occasion de s'enrichir.

Cette expérience fut suivie de beaucoup d'autres; on perfectionna si promptement cette singulière découverte, qu'on se flatta qu'elle irait bientôt au terme désiré. Francklin la jugea en sage, et dit que c'était un enfant encore au berceau, qui pouvait être un grand homme ou un sot. Dix-sept ans se sont écoulés depuis la première ascension, et on n'a pas encore pu parvenir aux moyens de se diriger, qui serait le seul but utile que les aréonautes pourraient se proposer. MM. Charles et Robert remplacèrent la Mongolfière par un ballon rempli d'air inflammable, et donnèrent au public, le 4 décembre de la même année, le superbe spectacle de voir deux hommes s'élever au-dessus de l'atmosphère, et parcourir un long espace. Blanchard, qui, dès 1780, avait inventé des ailes pour franchir les airs, et qui à cette époque avait trouvé le parachute que je le vis manœuvrer, laissa bientôt la machine d'Icare pour celle de Charles et Robert. Il est, de tous les aréonautes, le plus infatigable; il a traversé le Pas-de-Calais, et montré à nos voisins, si jaloux de nos succès dans tous les genres, qu'il pourrait y avoir un jour un moyen de descendre chez eux sans craindre leurs vaisseaux. Garnerin a suivi et surpassé ses maîtres : mais si l'on en excepte les ballons pour servir à observer une ville assiégée, cette brillante découverte a, comme presque toutes celles du siècle dernier, présenté plus de singularité que d'utilité réelle.

Cependant, je ne puis, toutes les fois que je vois des hommes se confier à cette machine, m'empêcher d'éprouver un sentiment de reconnaissance et d'admiration qui m'émeut jusqu'au fond du cœur. Qui sait, me dis-je, si ce ne sera pas à leur courage qu'on devra les découvertes les plus importantes pour l'humanité? Et en me souvenant de la mort cruelle de Pilâtre-Desrosiers, je n'ai de tranquillité que lorsque je sais qu'ils sont descendus à terre sans accident.

La loge de la Candeur décerna une couronne à M. Mongolfier; la grande-maîtresse l'accueillit avec les sœurs, et lui réitéra les éloges qu'il avait reçus de son altesse à Versailles: La fête avait deux objets; le premier, de célébrer celui qui avait ouvert cette nouvelle carrière aux observations des phénomènes de la nature; le second, de rendre au nommé Thyon les hommages que son héroïsme méritait, d'autant plus qu'il avait laissé ignorer depuis quatre ans, par excès de modestie, un de ces traits sublimes de courage qui caractérisent la nation française.

Au siége de Brumtiown-Ville, dans l'île de Saint-Christophe, le nommé Thyon, âgé de vingt ans, soldat au régiment de Touraine, étant chargé, avec plusieurs de ses camarades, du service de l'artillerie, portait une bombe à la batterie; ces énormes masses sont suspendues, par un anneau de fer, à un bâton qui est posé sur l'épaule de deux hommes. En traversant le terrein qui se trouvait entre le parc et la batterie, un boulet de canon de l'ennemi fracassa le bras du jeune Thyon, qui ne tenait plus que par un nerf : il arrête, prie son camarade de laisser poser à terre le bout du bâton qu'il portait, lui emprunte son couteau, achève de séparer son bras, recharge la bombe sur l'autre épaule, marche droit à la batterie, y dépose son pesant fardeau, et va ensuite se faire panser. Lorsqu'il fut guéri, on l'envoya à l'hôtel des Invalides, où l'on ne sut que quatre ans après ce trait magnanime; et comme le gouverneur lui faisait le reproche flatteur de l'avoir, par sa modestie, privé du plaisir de rendre hommage à ses vertus, il répondit que c'était au général et non à lui de parler de cette action, supposé qu'on crût qu'elle valût la peine d'être citée. Thyon reçut les plus grands honneurs en loge. Il était assis à côté de M. Mongolfier, au haut bout d'une table de cent couverts, où le brave Thyon ne pouvait contenir sa reconnaissance et ses larmes.

M. du V***. composa à l'instant les couplets suivans, que Thyon chanta :

Air : *Faisons l'amour, faisons la guerre.*

PLEIN du bonheur qu'ici je goûte,
Ne puis-je l'exprimer tout haut ?
Pour songer à ce qu'il m'en coûte,
Je sens trop bien ce qu'il me vaut.
Victime du sort et des armes,
Si leurs coups n'ont pu m'ébranler,
Dans un moment si plein de charmes,
Le sentiment obtient des larmes
Que mes maux n'ont point fait couler. (*Bis.*)

On dit qu'un homme ou qu'un génie,
Admis, comme moi, dans ces lieux,
Sait, dans le char de la féerie,
S'élever au séjour des Dieux.
De son talent qu'il me pardonne
De n'être jamais curieux;
Quand on obtient une couronne
Que l'honneur, que la beauté donne,
Sans lui n'est-on pas dans les cieux ? (*Bis.*)

Rien ne prouve autant la dépendance où nous sommes de l'auteur de notre être, que ces barrières qu'il pose à notre intelligence et à nos découvertes. A l'instant où l'on vit s'élever une Mongolfière, on ne douta pas qu'il ne serait très-aisé de les diriger. Les premiers navigateurs, disait-on, suivaient timidement les côtes, et l'idée de franchir l'immense Océan n'entra point dans le cerveau de nos pères : ce ne fut qu'après un long espace de temps que l'invention de la boussole leur donna la possibilité de se confier à la plaine liquide ; de même, semblables à l'oiseau, un jour nous traverserons les airs. Rien ne devait paraître plus probable ; et cependant nous ne sommes pas plus avancés dans l'art de diriger nos ballons, qu'au moment où ils furent inventés. N'est-ce pas pour apprendre à l'homme que, né sur cette terre d'exil, il ne lui est pas plus permis de s'élever au-dessus d'elle, qu'à un banni de revenir dans le lieu dont la justice lui a défendu d'approcher ? Toujours nos moyens sont au-dessous de nos conceptions. Non-seulement nous voulions voyager dans l'air comme nous naviguons ; et nous transporter en ballons des bords du fleuve Saint-Laurent au pied du Caucase, mais, comme rien ne borne notre imagination, quelques têtes exaltées allèrent jusqu'à croire que nous pourrions, ainsi qu'Astolphe, arriver dans la lune. C'est ici que la volonté du Créateur est marquée d'une manière plus précise, pour empêcher toute communication entre les planètes ; car il est impossible que nous puissions respirer aussitôt que nous nous élevons au-dessus de l'atmosphère. Il fallut donc renoncer, dès les premières expériences, à l'espoir d'apprendre ce que font les habitans des mondes, et nous en tenir, sur cela, aux doctes et aimables rêveries de Fontenelle.

Lorsqu'un pays offre l'image de la tranquillité, il invite ses voisins à le visiter, et c'est ce qui rend les révolutions si désavantageuses, parce qu'elles éloignent le concours des étrangers qui apportent du numéraire. Le Français trouve plus d'avantages qu'aucun autre peuple à attirer chez lui les voyageurs, qui échangent leur or contre des objets qui tirent toute leur valeur de la main d'œuvre et de la fantaisie du moment. Ce calme, qu'on peut comparer à celui qui précède les orages, paraissait si profond, qu'on ne vit jamais autant d'illustres étrangers venir en France. Le roi de Suède voulut, pour la seconde fois, visiter nos contrées. C'était un prince doué des plus rares qualités, et dont la sagesse et le courage devraient servir d'exemple à ceux qui veulent changer la face des empires.

Gustave III, sous le nom de comte de Naga, fut accueilli à la cour avec cette aménité qui la caractérisait. Il avait un jugement trop sûr pour ne pas apprécier ceux qui la composaient; et Louis XVI fut celui à qui il rendit les plus sincères hommages. Pendant son premier séjour en France, il lui avait fait part du plan qu'il avait formé pour se soustraire à la tyrannie du sénat, qui, sous prétexte de contrebalancer l'autorité du roi, s'était emparé de toute la puissance, et accablait le peuple que Gustave ne pouvait rendre heureux.

On sait avec quelle hardiesse il exécuta son projet sans répandre une goutte de sang. Il rendit au peuple ses droits, et se donna celui de faire respecter les lois. Ce prince, dont la physionomie peignait les grandes qualités, resta à Paris moins de temps qu'il n'aurait désiré.

Ayant appris, par les dépêches de ses ministres, qu'il y avait des mouvemens à Stockholm, il partit sur-le-champ, ce qui ne donna pas le temps à M. le duc de Penthièvre de le posséder dans une de ses délicieuses maisons.

Mais s'il ne reçut pas le successeur de Charles XII, il déploya à Anet, célèbre encore par les amours de Diane de Poitiers, la magnificence qu'il savait montrer dans les occasions importantes, pour recevoir Henri de Prusse, comte d'Oëls, l'émule de Frédéric-le-Grand. Après une fête brillante, le duc de Penthièvre et la princesse de Lamballe conduisirent ce héros sur le terrein de la bataille d'Yvri, où ils lui firent remarquer un obélisque élevé en mémoire de ce mémorable évènement arrivé en 1590. M. de Penthièvre y avait fait trouver une jeune fille conduisant un troupeau, qui paissait tranquillement l'herbe fleurie, que le sang de nos aïeux avait jadis trempée. La bergère offrit des bouquets à l'illustre étranger et à ceux qui l'accompagnaient. Madame de Lamballe lui présenta une branche de laurier que le héros déposa sur le socle de l'obélisque; hommage flatteur pour le chef des Bourbons, qui, du séjour de la gloire, voit dans les guerriers fameux, ses frères d'armes et non ses rivaux.

Le 24 septembre de la même année 1784, le feu prit à l'hôtel de Toulouse. Madame de Lamballe montra, dans cette occasion, infiniment de courage et de sensibilité; elle resta constamment au milieu du désordre qu'un tel évènement entraîne toujours, uniquement occupée que les pompiers et ceux qui avaient été appelés pour arrêter les progrès du feu, n'exposassent pas leurs jours pour sauver des objets qui, quelque précieux qu'ils fussent, le lui paraissaient infiniment moins que la vie des hommes. Ses vœux furent exaucés, il n'arriva aucun accident; et le même jour, la princesse alla avec son beau-père à l'église St.-Eustache, en rendre à Dieu leurs actions de grâces.

Retracerai-je un évènement qui, à cette époque, causa l'allégresse publique, comme à toutes les naissances des enfans de nos rois; et en parlant de celle du duc de Normandie, n'est-ce pas rouvrir des plaies qui saigneront long-temps encore? Quel a été le destin de cette faible plante, qu'un vent brûlant a desséchée jusques dans sa racine ! Ah ! n'accordez pas vos perfides secours à ce malheureux enfant ; laissez-le, à l'intant où il n'a pas encore mouillé ses lèvres dans le vase amer de la vie, passer du néant à la mort ; et vous serez ses bienfaiteurs. Que sera-ce, pour lui, que quelques années où il existera dans la pompe et les délices de la cour ? Que lui serviront la tendresse de ses malheureux parens, les soins des dames qui environnent son berceau ? En arrivera-t-il moins à ces temps cruels où son innocence ne le mettra pas à l'abri de la cruauté de ses bourreaux ?

Je le vois encore cet aimable enfant ; il était avec madame de Soucy, celle qui, depuis, accompagna Madame en Allemagne, lorsque j'eus l'honneur d'être admise dans son appartement ; je vois encore son doux sourire ; il paraissait flatté du plaisir que nous trouvions à le considérer. L'amie de madame Elisabeth, car madame de Soucy l'était des deux princesses, que sa respectable mère, madame Mackau, avait élevées, lui dit de saluer les dames qui venaient lui faire leur cour : ce qu'il fit avec une grâce charmante.

Ce fut la dernière fois que je vis cette

victime dévouée au malheur. Ses traits me sont restés présens, et mon imagination effrayée n'ose comparer ce respect et cet amour qui environnaient son berceau, avec ce cachot infect où l'infâme Roberspierre l'a tenu si long-temps enfermé. N'osant livrer ce faible rejeton des rois à la hache homicide qui avait moissonné sa malheureuse famille, il le forçait de descendre dans la tombe par des traitemens si barbares, que s'ils n'étaient attestés par des témoins irrécusables, on voudrait, pour l'honneur de l'humanité, croire qu'il n'y a pas eu de monstre capable de les faire souffrir à un enfant aussi innocent qu'infortuné.

Ah! que n'a-t-il pu survivre assez long-temps à ce tigre altéré de sang, pour quitter, avec sa sœur, un pays où les intérêts politiques ne permettaient pas qu'il demeurât! (1) Il aurait trouvé une terre hospitalière, où, par les plus tendres soins, on eût effacé les traces profondes que ses malheurs avaient dû faire dans un âge aussi tendre : mais celui qui

---

(1) On ne doit pas oublier qu'il y a quatorze ans que ceci a été écrit.

règle les destinées des hommes, l'a appelé à lui; et le réunissant à son auguste père, il leur a donné une couronne qui ne périra jamais.

Madame de Lamballe, que son attachement pour la reine ramenait toujours auprès d'elle dans les occasions où elle pouvait le lui témoigner, passa à Versailles presque tout le temps des couches de sa majesté. Il parut que l'amitié de Marie-Antoinette s'était réveillée pour la surintendante de sa maison ; et elle lui fit l'honneur de venir dîner chez elle à l'hôtel de Toulouse, le 25 mai 1785, deux mois après la naissance du duc de Normandie. La veille, madame de Lamballe avait accompagné la reine à Notre-Dame et à Sainte-Geneviève, où sa majesté était venue rendre ses actions de grâces à Dieu pour son heureuse délivrance; et elle revint dîner avec la reine aux Tuileries.

Quelque temps avant, le roi rendit dans son conseil, un arrêt qui défendit au chevalier d'Arcq de porter ce nom, et lui enjoignit de prendre celui de Ste-Foix. Cet homme, qui avait la célébrité d'une vie scandaleuse, a occupé le public par ses réclamations contre M. le duc de

Penthièvre, dont il paraît cependant certain qu'il était frère naturel, étant, à ce que l'on assure, fils de M. le comte de Toulouse. Il avait toujours été regardé comme tel par les officiers du prince, et son altesse sérénissime le traitait avec beaucoup d'amitié. Il avait les armes de la maison de Toulouse, et en faisait porter la livrée à ses gens. Il n'y avait jamais eu, sur ces objets, aucune contestation, et le grand-amiral fournissait avec sa munificence naturelle, à la dépense du chevalier d'Arcq, de manière à lui donner dans le monde une existence digne du sang dont il sortait : mais, loin de répondre aux bontés d'un frère qui ne se conduisait ainsi que par générosité, puisqu'il n'y avait aucun titre authentique qui pût prouver juridiquement la naissance de M. de Sainte-Foix, celui-ci dissipait sans aucune retenue, non-seulement les bienfaits de M. le duc de Penthièvre, mais même faisait une si excessive dépense, qu'il était accablé de dettes, que son altesse eut la bonté de payer plusieurs fois. Enfin, cet intrigant, las d'être obligé de tout attendre de celui qu'il nommait son frère, chercha à s'affranchir des devoirs qu'impose la reconnaissance, et demanda comme droit ce qui ne lui avait été donné jusqu'alors qu'à titre de bienfaits. Il n'aurait peut-être pas de lui-même conçu cet audacieux projet; mais, à cet époque, il était intimément lié avec madame Sabatin, maîtresse reconnue du duc de la Vrillère, dont elle déshonora le ministère en vendant, sans pudeur, non-seulement les grâces qui dépendaient du duc, mais même les lettres-de-cachet. Il était impossible que la société d'une telle femme ne corrompît pas le cœur du chevalier pour qui elle trompait son amant sexagénaire. Bientôt le chevalier partagea l'infâme commerce de madame de Langeac; car le duc avait trouvé un homme assez lâche pour donner son nom à la dame Sabatin; et M. d'Arcq s'abreuva avec elle, des pleurs des infortunés dont ils vendaient la captivité. Mais ce n'était pas encore assez pour subvenir à ses ruineuses dépenses, il crut qu'en intentant un procès à M. le duc de Penthièvre, comme fils du comte de Toulouse, et exigeant sa légitime, il se verrait en état de ne plus redouter la misère où ses folies l'entraînaient.

Malgré l'extrême bonté de M. de

Penthièvre, il ne put supporter tant d'audace et d'ingratitude. Cité devant les tribunaux par celui qui lui devait son existence, il l'abandonna à toute la rigueur de la loi qu'il avait osé invoquer. Les juges ne voyant à M. d'Arcq aucun titre, lui ordonnèrent de quitter le nom d'Arcq, les armes et la livrée de la maison de Toulouse, de prendre celui de Sainte-Foix; et ainsi, loin d'avoir, par ce procès, amélioré son sort, il le rendit beaucoup plus triste. Ses plaintes furent si amères, que la cour l'éloigna de Paris; et celui qui avait vendu des lettres-de-cachet, en reçut une qui l'exila à quarante lieues de la capitale. Il fallait qu'il fût bien coupable, pour que M. le duc de Penthièvre le traitât si sévèrement, et que madame de Lamballe n'employât pas, pour adoucir sa situation, l'empire que ses vertus et sa douceur lui donnaient sur le cœur de son beau-père; mais personne ne plaignit M. de Sainte-Foix, et n'accusa le prince d'injustice.

On se rappelle que j'ai dit qu'un jugement du parlement avait cassé le mariage du prince Eugène de Carignan avec mademoiselle de Lalande-Magnon; mais ce prince ne croyant pas moins que les sermens qu'il avait prononcés aux pieds des autels ne pouvaient être violés, se retira, avec celle que son cœur s'était choisie pour compagne, au château de Domart, en Picardie.

Là, oubliant les hommes dont il avait tant à se plaindre, et ne vivant que pour une épouse chérie, il passait des jours trop heureux pour qu'il fût possible que leur durée égalât leur félicité. Déjà quelques années s'étaient écoulées, et il semblait que les sentimens du prince s'étaient accrus par la connaissance plus approfondie des vertus de son épouse. Tous deux à la fleur de l'âge devaient se promettre une longue suite de beaux jours, lorsque la mort vint frapper ce tendre époux dans les bras de celle à qui il avait tout sacrifié. Sa perte fut très-sensible à madame de Lamballe : son cœur aimant ne pouvait supporter l'idée de voir rompre les liens qui l'attachaient à sa famille; et si le prince Eugène, en bravant les préjugés, paraissait s'être éloigné de ceux de sa maison, ses motifs faisaient tellement l'éloge de son âme, que sa sœur ne l'en chérissait pas moins, et n'apprit pas, sans un vif chagrin, la perte de cet aimable prince. Sa veuve fut inconsolable; et la religion seule pouvant tempérer ses justes regrets, elle fit célébrer, à Arras, un service solennel avec une pompe vraiment digne du descendant d'Emmanuel-lé-Grand.

Au mois de mai 1785, un évènement que les princes ne devraient pas redouter (le nombre de ceux qui sont chargés du soin de leurs cuisines devant les en garantir), pensa coûter la vie à madame de Lamballe et à madame de Pardaillant. Un cuisinier laissa refroidir un ragoût dans une casserole de cuivre, et changea ce mets en poison, dont les effets furent si prompts et si dangereux, qu'il fallut tout l'art du docteur Seiffert pour en arrêter les progrès. On ne peut exprimer les alarmes que cet accident fit éprouver à M. le duc de Penthièvre : il aimait madame de Lamballe comme sa fille, et comme l'amie dont la société lui était la plus chère; l'idée de la perdre d'une manière si cruelle et si peu attendue, le plongeait dans la plus vive douleur. Il ne quitta pas la chambre de la malade tant que le danger subsista; et lorsque M. Seiffert l'assura qu'il n'y avait plus rien à craindre, il lui témoigna sa joie et sa reconnaissance de la manière la plus touchante. Madame de Lamballe, pénétrée de ces marques de tendresse, dit à son beau-père, avec un sourire enchanteur, et que l'impression des souffrances qu'elle venait d'éprouver rendait encore plus touchant : *Ah! que ce danger et les maux que j'ai ressentis sont pour moi précieux, puisqu'ils me donnent, mon père, une preuve de plus de votre tendresse pour moi!*

Sa convalescence fut plus longue que sa maladie, qui n'avait duré que quelques heures. Madame la duchesse de Chartres partagea les soins et les attentions de M. de Penthièvre auprès de madame de Lamballe, qui les aimait l'un et l'autre avec d'autant plus d'abandon, que son attachement était fondé sur son estime pour leurs vertus.

Le 24 mai, Sceaux vit encore les plaisirs visiter ses sombres bocages; et madame de Lamballe, dont l'amabilité rappelait celle de madame la duchesse du Maine, y vint attendre, avec M. le duc de Penthièvre, l'archiduc Ferdinand et l'archiduchesse son épouse, que LL. AA. reçurent avec ce faste que la modestie chrétienne n'empêchait point M. le duc de Penthièvre de déployer, lorsqu'il fallait donner aux princes étrangers une idée de la magnificence française.

Les descendans de François Ier. et de Charles-Quint se trouvaient réunis, et, comme leurs aïeux, ils se fêtaient, se donnaient des marques d'égards et d'attachement, et ne s'en aimaient pas davantage. Combien cette contrainte de la politique doit être fatigante! Heureux celui qui, ignoré dans sa retraite, n'y reçoit que de vrais amis, et laissant son cœur diriger ses paroles, ne dit jamais que ce qu'il pense!

Louis XVI, qui avait le goût, on pourrait même dire la passion de la chasse, héréditaire dans sa famille, trouvait Rambouillet le rendez-vous le plus agréable. Sa situation au milieu d'une forêt extrêmement giboyeuse, ses étangs où il était si facile de ramener le cerf, la proximité de Versailles, tout lui faisait désirer d'en faire l'acquisition. M. le duc de Penthièvre alla au-devant de ses volontés, et reçut, en échange, Chanteloup et le comté d'Amboise.

Heureux celui qui, en retraçant l'histoire de son siècle, n'aurait à rappeler, comme je l'ai fait jusqu'à ce moment, que des vertus ou des anecdotes piquantes par leur singularité! il ne causerait que des émotions douces, et il amenerait le sourire sur les lèvres de ses lecteurs! Mais j'approche de la fin de 1785 ; à cette époque la scène va changer, et les machinations si long-temps renfermées dans le secret, vont éclore : une faible étincelle causera un incendie que rien ne pourra éteindre qu'il n'ait dévoré tout ce qui se trouve sur son passage. Je n'ai plus que des crimes et des malheurs à décrire; ceux-ci se trouvent tellement enchaînés à l'histoire de madame de Lamballe, par son attachement pour celle qui fut son amie dans les jours de sa gloire, qui parut l'oublier, lorsque, parvenue au dernier degré de puissance, elle semblait ne rien attendre que d'elle-même, et qui la retrouva plus tendre et plus sensible encore lorsque tout l'abandonnait, que je ne puis passer sous silence ces importans évènemens qui servirent d'abord d'aliment à la curiosité publique, et ensuite, de prétexte à la haine, dont l'effet fut d'autant plus terrible, que, s'attachant à renverser ce qu'il y avait de plus grand dans l'État, elle ne put employer que des moyens proportionnés en scélératesse à la puissance de ceux qu'elle attaquait.

Un rejeton de la branche infortunée des Valois, descendant d'un fils naturel de Henri II, végétait dans la misère à Bar-sur-Aube, ne conservant, de sa noble origine, que les titres qui la prouvaient, et dont il avait donné connaissance à ses enfans à peine sortis du berceau, en leur disant qu'ils pourraient leur servir un jour. Il mourut, ainsi que sa femme, qui recommanda leur fille âgée de cinq à six ans, à leur fils, qui pouvait en avoir neuf à dix. Dénué de tout secours dans son pays, ce jeune enfant, à qui l'idée d'être descendu d'un roi donnait celle, sinon des grandeurs (de la misère à un rang élevé il y avait trop loin), mais au moins du bien-être, pensa qu'il ne pourrait en jouir qu'à Paris, où sûrement il trouverait des protecteurs pour lui et sa petite sœur, qui était d'une figure charmante. Il se décida donc à l'amener avec lui.

Qu'on se représente les descendans d'un roi de France, suivant péniblement une route si longue pour leur âge, sans autre moyen de la parcourir que la bienveillance qu'ils inspiraient; et l'on conviendra qu'il n'est pas besoin que de grandes révolutions ébranlent les empires pour voir tomber, du faîte des honneurs dans la plus profonde misère, les êtres que la fortune abandonne; le temps seul suffit pour amener de tels changemens. Qu'on ne me dise point : l'auteur de la famille de Valois ne devait qu'à la nature la qualité de fils d'Henri II. Je répondrai que les rois en France jouissaient du droit de donner aux enfans dont l'amour les avait rendus pères, un éclat si brillant, qu'il éclipsait celui des plus anciennes maisons du royaume ; et le fils d'Henri II pouvait prétendre, pour sa postérité, aux mêmes honneurs, aux mêmes richesses dont les enfans naturels de ses successeurs ont été comblés. Ainsi, le sort de ces pauvres orphelins n'en était pas moins capable de faire sentir la fragilité des grandeurs humaines.

Enfin, après des peines et des fatigues cruelles, ils arrivèrent à la porte de M. de Boulainvilliers. Quand les maîtres sont bons, il est bien rare que leurs valets soient durs et hautains. Les petits de Valois furent donc accueillis avec humanité ; les grâces du jeune garçon, la figure vive et piquante de la petite, intéressèrent les gens de la maison : on leur donna à manger, on les caressa, on les fit causer. Le frère, qui savait qu'il ne possédait que sa généalogie, dit qui il était, et s'offrit à en donner des preuves, dans les vieux parchemins qu'il avait soigneusement emportés avec lui. Le valet-de-chambre de madame de Boulainvilliers, que ces enfans intéressaient, alla rendre compte à sa maîtresse de cette singulière aventure. Elle était sensible et généreuse; elle ordonna qu'on lui amenât ces pauvres petits voyageurs. Leur physionomie lui plut infiniment; elle les présenta à son mari, qui fit examiner leurs papiers; et lorsqu'on lui eut assuré qu'ils prouvaient une filiation non interrompue, depuis le fils d'Henri II jusqu'à ces infortunés, il les reçut dans sa maison, les fit élever avec grand soin, et ayant fait reconnaître leur généalogie par Chérin, il fit entrer le jeune homme dans la marine royale, où ceux de ses camarades qui ont servi avec lui, m'ont assuré qu'il s'était toujours conduit en homme d'honneur.

M. de Boulainvilliers maria mademoiselle de Valois avec M. le comte de Lamotte. C'est un grand écueil que la beauté et trop d'esprit; voilà ce qui perdit madame de Lamotte : puisse son exemple inspirer aux femmes l'éloignement le plus grand pour l'intrigue, qui conduit indubitablement à la perte de toute considération, et souvent à l'infamie! Ce fut là le sort de cette malheureuse femme; l'ambition, l'amour de l'argent, non pour le thésauriser, mais pour paraître avec éclat, lui firent employer tous les moyens pour parvenir à son but. Elle alla plusieurs fois à Versailles. Y vit-elle la reine? gagna-t-elle sa confiance par ses manières séduisantes? ou n'a-t-elle fait qu'un tissu de mensonges dans tous ses mémoires? Voilà ce que personne ne pourra pénétrer, ce que je ne m'efforcerai point de savoir, et si j'en étais instruite plus particulièrement, ce que je n'écrirais pas. Me permettrais-je d'ajouter aux maux qui ont accablé madame de Lamotte dans cet étonnant procès? Elle fut aussi malheureuse que coupable; je la plains et je me tais. La suite en fut horrible pour cette infortunée : condamnée à une flétrissure pire que la mort, elle opposa un courage inutile contre l'exécuteur d'un arrêt qui révolta tout Paris ; non que l'on crût universellement madame de Lamotte innocente, mais on eût voulu que l'on employât d'autres moyens de la punir : d'ailleurs, pouvait-elle être seule coupable? Pourquoi l'a-t-on choisie pour l'unique exemple d'une sévérité inouie? et ceux qui parurent seconder les vues de la cour, ne trempaient-ils pas déjà dans le complot de la perdre? car, n'est-il pas certain qu'il suffisait à la sûreté publique, si madame de Lamotte était, comme je n'en doute pas, réellement l'auteur d'un stratagème aussi hardi que le déguisement de la Doliva, qu'elle fût séquestrée de la société et renfermée dans un couvent? Fallait-il lui faire souffrir un supplice douloureux, et dont la marque ineffaçable ferait rougir tous ceux du sang royal, dont on ne lui disputait pas d'être issue? N'était-ce pas apprendre au peuple que le prestige des rangs disparaîtrait bientôt? Fallait-il la faire renfermer dans un séjour destiné aux êtres les plus méprisables de son sexe? la réduire à n'avoir d'autre lit que la paille, d'autre nourriture que du pain noir, des fèves et une once de viande tous les huit jours? être détenue dans une salle immense, dont les fenêtres, à plus de six pieds de haut, laissaient à peine pénétrer le jour à travers les énormes barreaux qui en défendaient l'entrée? Là, jamais de feu ni de lumière. Ah ! vivre ainsi est bien pis que de mourir. Et c'est une femme accoutumée, depuis l'instant où madame de Boulainvilliers la reçut chez elle, à toutes les commodités du luxe, que l'on condamne à ce sort barbare ! Sûrement, en lui faisant porter sa tête sur l'échafaud, on eût moins blessé toutes les convenances, et on les aurait respectées, en la faisant vivre dans un asyle sûr, où elle n'eût pas été privée des premiers objets de nécessité.

Madame de Lamballe, dont l'âme était trop sensible pour n'être pas touchée du sort de cette infortunée, se rendit, dès le lendemain du jugement, à la Salpétrière, et demanda à la voir pour lui porter quelque consolation. La supérieure, qui ne connaissait pas l'extrême bonté de la princesse, et qui ne voyait dans cette démarche de l'amie de la reine qu'un surcroît d'humiliation pour madame de Lamotte, fit cette réponse infiniment dure : *Elle n'a pas été aussi, madame, condamnée à vous voir :* Mot terrible, je le répète, qui ne devait, sous aucun rapport, être adressé à celle dont j'écris les mémoires, mais qui prouve l'impression profonde que ce jugement avait causée. Madame de Lamballe, qui n'avait suivi que le mouvement de son cœur, ne parut point s'apercevoir de ce que cette réponse avait d'insultant, et n'en remit pas moins, à la supérieure, pour madame de Lamotte, une somme assez considérable. Mais, suivant l'usage établi dans cette maison, elle fut partagée entre toutes celles qui étaient en prison avec elle, et elle n'en reçut qu'un faible adoucissement. Elle trouva le moyen, peu de jours après, de s'échapper; et prenant à pied le chemin de Bar, elle eut le temps de réfléchir à celui où elle avait parcouru le même espace, faible enfant alors, dont l'innocence et les charmes intéressaient tous ceux qui la rencontraient. A présent, rejetée de la société, flétrie dans toute l'étendue du mot, comment pouvait-elle résister à son affreuse situation ?

Le désir de la vengeance l'attachait à la vie; et elle n'attendait que le moment où elle serait dans une terre étrangère, pour la faire éclater. Arrivée à Londres, elle s'occupa, dit-on, de recueillir dans un libelle les différens évènemens de sa vie, et y répandit tout le poison de la calomnie contre la reine. Cet écrit, dont je n'ai point souillé mes regards, mais dont j'ai entendu parler, comme ce qui pouvait être de plus atroce, serait un grand argument, s'il est d'elle, contre son auteur : lorsque l'innocence élève sa voix pour se défendre, elle se respecte assez pour ne pas joindre à sa justification des injures et des calomnies. D'ailleurs, quel temps aurait-elle choisi pour faire paraître ce recueil d'infamie ? c'est celui où la reine, livrée aux plus cruels chagrins, devait être un objet respectable, même pour ses ennemis, par le courage avec lequel elle les supportait. Cependant, il lui resta encore assez de puissance pour faire enlever la totalité de l'édition qui fut brûlée dans un des fours de la manufacture de Sèvres. M. de Laporte, intendant de la liste civile, en garda un seul exemplaire ; il fut retrouvé sous ses scellés, et servit à faire réimprimer cet affreux ouvrage qui fut dévoré par ceux qui eussent été bien fâchés de trouver la reine innocente, dans la crainte qu'elle n'échappât à la fureur de ses bourreaux.

Maintenant il est rentré dans la poussière, d'où ne devraient jamais sortir de semblables productions qui couvrent plus de honte ceux qui les écrivent que ceux contre qui elles sont dirigées.

La bonté semble être l'apanage des femmes : nées pour consoler le genre humain des malheurs qui l'assiégent, elles doivent porter avec elles la joie et le bonheur. Une femme intervertit l'ordre de la nature, lorsqu'elle quitte le rôle qu'elle lui a assigné, et que loin d'adoucir la férocité naturelle de l'homme, elle l'excite, au contraire, à accabler les coupables, qui doivent trouver, dans un sexe doux et timide, l'indulgence et la pitié ; car, autant il importe que les criminels soient convaincus, pour que leurs jugemens les signalent et les séparent de la société, autant il est intéressant de voir une femme implorer la clémence pour adoucir leur malheur. Il n'est donc pas étonnant que Paris qui, jusqu'à ce moment, s'était plu à voir la reine comme une divinité bienfaisante, dont les seuls regards portaient la consolation dans l'âme des infortunés, ne pût comprendre comment elle avait abandonné madame de Lamotte à l'horreur de son sort ; et comme le Français est extrême en tout, de l'idolâtrie qu'il avait pour elle, il passa à l'indignation.

Ce sentiment n'était point partagé par ceux qui approchaient la reine. Elle avait tant d'esprit, de grâces, ses manières étaient si séduisantes, que les personnes qui vivaient dans son intimité, lui étaient sincèrement attachées, et leur opinion sur elle n'a point varié ; mais celle du public devint chancelante, et les ennemis particuliers de cette princesse excitèrent les mécontens. Sa majesté ne vit plus sur ses pas cette foule qui se pressait autrefois pour la voir ; elle n'entendit plus, comme je l'ai déjà dit dans un autre ouvrage, ces murmures flatteurs, qui sont un hommage d'autant plus précieux, que rien ne peut les commander. Si la reine avait eu alors des amis courageux, ils eussent, par leurs conseils, trouvé facilement le moyen de lui faire regagner l'amour du peuple qui, semblable aux enfans, s'irrite et s'apaise d'un rien. Mais personne ne lui dit que cette froideur que la nation lui témoignait, pouvait avoir des suites funestes, et loin de chercher à la détruire, elle en fut offensée. Sa physionomie, jadis si douce, si caressante, si je puis me servir de cette expression, ne peignit plus en public que la hauteur et le dédain pour l'opinion de ceux qu'elle était loin de regarder comme pouvant disposer de son sort et de celui de sa famille.

Plus la reine se dépopularisait, plus les ennemis de la cour prenaient d'ascendant. Cette faction était la même que celle qui, dès le temps de la ligue, avait jeté les premiers fondemens de cette désunion qui, sous les règnes des fils d'Henri II, pensa déchirer la France. Le génie d'Henri IV la sauva des malheurs dont son démembrement la menaçait : mais, ce qui est remarquble, c'est que deux siècles s'écoulèrent sans avoir changé l'esprit de cette faction. On pourrait imaginer que ceux qui avaient formé ce plan, s'étaient seulement endormis, et qu'ils se réveillèrent dans ces années de trouble qui précédèrent la révolution. Non, on ne peut, en voyant les mêmes principes, les mêmes moyens employés, se figurer que plusieurs générations s'étaient englouties dans la nuit du tombeau ; et que cependant rien n'était changé dans ces conceptions criminelles, que les individus qui cherchaient à les développer. Je ne sais si cette observation a été faite par d'autres que par moi, mais je ne crois pas l'avoir vue dans aucun des ouvrages qui ont paru depuis la révolution; et cependant c'est un des phénomènes le plus surprenant de l'esprit humain. De même l'Autriche et les puissances rivales de la maison de Bourbon veulent donner un roi à la France pour gouverner sous son nom, de même les grands du royaume pensent à ériger leurs gouvernemens en souveraineté indépendante de la cour. Les protestans, avant l'abjuration de Henri, veulent une république, et ne servent qu'avec indifférence la cause de leur chef, que tant de vertus auraient dû leur rendre cher. Sans la célèbre journée d'Arcq, la France tombait, peut-être, dans la plus complète anarchie. Si le roi eût montré la même vigueur que Henri, il aurait conservé sa puissance : mais, nous l'avons dit, il était imbu des principes philanthropiques, et son horreur pour le sang lui faisait regarder comme un crime toute mesure sévère.

N'anticipons point sur les évènemens: j'ai seulement marqué cette première cause à la révolution; nous allons voir maintenant dans les deux années qui la précédèrent, les ennemis du roi semer la discorde entre les pouvoirs, afin de les anéantir. Mais en vain auraient-ils tenté cette grande entreprise : si le désordre des finances n'avait pas secondé leurs projets, ils n'auraient jamais pu parvenir à les exécuter. M. Necker, par son compte rendu, avait séduit le peuple, qui ne réfléchissait pas que le tort le plus grand que puissent avoir les particuliers comme les gouvernemens, est de divulguer leur position pécuniaire. Est-elle opulente, elle excite l'envie; est-elle mauvaise, cette dangereuse confidence anéantit le crédit qui peut relever les fortunes les plus délabrées, si on n'en fait pas usage pour augmenter la masse des dettes. Je suis si persuadée qu'à Dieu seul appartient de sonder les intentions, que je n'ai point la hardiesse de juger celles de M. Necker. Mais il n'en est pas moins vrai qu'il était protestant, et, par conséquent, qu'il devait tenir, par ses opinions, à cette secte que les rois n'avaient, jusqu'alors, contenue que par des mesures révoltantes, et dont les religionnaires devaient nécessairement chercher l'occasion de se venger : n'est-il donc point présumable que M. Necker, entraîné par l'attachement à sa croyance, et ne pouvant, comme étranger, prendre à la France cet intérêt qu'inspire l'amour de la patrie, seconda les vues de son parti, par son affectation d'apprendre à l'Europe entière l'état de nos finances; ce qui était un moyen sûr d'en rendre la restauration impossible, et, par conséquent, de forcer le roi à convoquer les états-généraux. Soit que ses vues eussent été pénétrées, soit, comme il est plus probable à imaginer d'après le caractère de ceux qui composaient la cour de Louis XVI, qu'il ne fournît pas assez à leurs folles dépenses, il fut disgracié; et les finances passèrent successivement des mains du vieux M. Joli de Fleury, qui n'y entendait rien, dans celles de M. d'Ormesson, très-honnête homme, mais dont la simplicité des mœurs fut tournée en ridicule par nos aimables de la cour, qui le forcèrent à donner sa démission; et enfin, dans celles de M. de Calonne, homme plein d'esprit, qui avait le travail le plus facile et des vues utiles, mais qui tenait trop à conserver, à quelque prix que ce fût, la place de contrôleur-général, pour pouvoir mettre dans cette importante administration la sage économie dont la France avait besoin.

Je ne citerai, pour faire connaître le caractère de ce ministre, dont on a si diversement parlé, qu'un trait qui m'a été rapporté par une de mes parentes; elle était alors une des plus jolies femmes de Paris, elle avait besoin du ministre, et le ministre la trouvait très à son gré; mais n'ayant pas l'espoir de s'en faire écouter, il voulut au moins lui donner une haute idée de son active bienveillance, persuadé que des éloges prononcés par une aussi belle bouche, serviraient plus à sa réputation que ceux des écrivains gagés par ceux dont ils attendent des grâces.

Madame la comtesse de *** avait obtenu une audience particulière de M. de Calonne. Elle se rend à l'heure convenue, et, contre l'usage, qui voulait que le ministre fût seul pour recevoir la personne qui avait à lui parler, ma parente est fort étonnée de trouver le contrôleur-général travaillant avec son secrétaire. Elle s'arrête à la porte du cabinet, craignant de commettre une indiscrétion. M. de Calonne se lève, vient à elle de la manière la plus respectueuse et en même temps la plus agréable : Pardon, madame, lui dit-il ; malgré tout le désir que j'avais de vous voir et de m'entretenir de ce qui vous intéresse, j'ai été forcé d'expédier sur-le-champ cette dépêche, qui donnera quelque soulagement à des infortunés. Lui présentant un fauteuil, il se remit à son bureau et dicta, assez haut pour que madame de *** pût l'entendre, la lettre la plus touchante à l'intendant de Moulins, pour lui annoncer qu'ayant mis sous les yeux du roi la triste position des habitans d'un petit village qui avait été entièrement détruit par un débordement, il avait obtenu de sa majesté un secours assez considérable pour les dédommager du malheur qu'ils avaient éprouvé. Qu'on ne perde pas un instant, monsieur, disait-il à son secrétaire ; qu'un courrier parte, qu'il porte à ces infortunés des consolations et des secours. Le ministère, ajoutait-il les larmes aux yeux, n'a que ces momens d'agréables ; c'est lorsque nous sommes les organes des bontés du roi. La dépêche finie, il vint à ma parente, s'occupa du sujet qui l'avait amenée chez lui, comme s'il n'avait pas eu d'autre affaire à penser, ne lui parla pas des malheureux dont il avait cherché avec tant d'empressement à adoucir le sort ; mais il vit qu'elle avait partagé la sensibilité qu'il avait montrée ; et il ne douta pas, sachant qu'elle était répandue dans le plus grand monde, qu'elle ne publiât ce trait d'humanité et de zèle pour les êtres souffrans : ainsi il avait rempli le but qu'il s'était proposé.

En effet, la comtesse de ***, chez qui je soupai le soir à son retour de Versailles, raconta ce dont elle avait été témoin, et assura que la France était trop heureuse qu'on eût appelé au ministère un homme qui réunissait à l'esprit et aux grâces, une *sensibilité exquise*. Tout le monde fut de son avis ; elle était belle et riche : je fus peut-être la seule qui me dit intérieurement : il est bien adroit. Mais cette adresse, qui suffit pour réussir dans le monde, ne suffit pas pour tenir les rênes de l'Etat, et surtout à cette époque où l'argent était tout, le contrôle-général devenait le ministère le plus difficile. Aussi, M. de Calonne, qui disait de belles choses, amusait le peuple et le roi par les rêves brillans de son imagination, faisait aller cette machine détraquée, par l'art dangereux des anticipations, ne put se maintenir long-temps par de semblables moyens; et, enfin, il fut forcé de dire au roi qu'il ne savait plus comment fournir aux dépenses de l'année suivante. Louis XVI, frappé comme d'un coup de foudre de cette déclaration, voulant concilier les intérêts du peuple en ne l'accablant pas de nouveaux impôts, et cependant faire face aux engagemens, en cherchait inutilement les moyens. M. de Calonne ouvrit l'avis d'assembler les notables; et le roi y consentit avec d'autant plus de plaisir, que ce moyen réunissait, quant aux lumières, les avantages des états-généraux (1) sans en avoir les inconvéniens. Le roi les convoqua pour le mois de janvier 1787, et on attendit avec la plus vive impatience le résultat de cette assemblée, qui eût pu avoir les plus heureux effets si les

---

(1) On n'avait point eu d'assemblée de notables depuis Louis XIII, en 1626. Le cardinal de Richelieu s'en servit pour ses vastes projets; M. de Calonne s'est perdu par elle.

agitateurs n'avaient pas prévu d'avance le parti qu'ils en pouvaient tirer.

Le ciel, qui permet, trop souvent, que le juste soit en butte à l'adversité pour servir d'exemple au reste des hommes, avait marqué cette époque pour le terme des prospérités de l'infortuné Louis XVI. Depuis la convocation des notables jusqu'à l'instant où il fut reçu dans le sein de Dieu, il ne connut plus un instant de repos, et la mort de M. le duc d'Orléans fut un de ses premiers malheurs ; car cet événement eut une bien plus grande influence politique qu'on ne l'imagine. Le duc, qui possédait toutes les vertus sociales, avait pour son auguste parent le plus véritable attachement; et il n'est pas douteux que si ses immenses richesses fussent restées dans ses mains, elles auraient été consacrées au service du roi, dans les jours d'horreur qui suivirent bientôt ceux dont je retrace l'histoire ; tandis que . . . .
. . . .

Mais pourquoi devancer les temps pour y chercher la source des maux qui nous ont accablés ? Sans reprocher au nouveau possesseur des apanages de la maison d'Orléans des crimes dont il fut plutôt victime que complice, jetons quelques fleurs sur la tombe de son vertueux père.

M. le duc d'Orléans, bon fils, bon père, bon parent, remplit toujours avec exactitude tous ses devoirs, et n'abusa jamais des dons de la fortune qu'il se plaisait à répandre sur tout ce qui l'environnait. Sa bienfaisance et sa bonté étaient si connues, qu'on ne le nommait que le bon prince. Sa fille, madame la duchesse de Bourbon, digne héritière de ses précieuses qualités, fut toujours l'objet de ses affections, qu'il partageait entre elle et celle que les liens qui l'unissaient à son fils lui faisaient regarder comme sa propre fille : aussi ces deux princesses furent-elles inconsolables de sa mort. Elles ne furent point les seules qui arrosèrent de larmes les cendres inanimées du prince. Devenu veuf de très-bonne heure, et n'ayant eu que peu à se louer de l'hymen, M. le duc d'Orléans avait été assez heureux pour trouver, quelques années après la mort de la duchesse, un cœur digne du sien, dans une femme qui réunissait à tous les talens, toutes les grâces, et qui surtout savait l'aimer pour lui-même. Si la distance qui séparait le prince de la charmante madame de Montesson, l'avait empêché de lui faire porter son nom, il n'en est pas moins certain qu'ils étaient unis par des liens sacrés, et qu'il goûta toujours avec elle les douceurs d'une union légitime que la mort seule put rompre. Madame de Montesson fut très-vivement affligée de la perte qu'elle venait de faire, et il fallu tous les soins de ses amis pour la lui faire supporter; jamais femme n'en eut de plus sincère, et il est à remarquer qu'elle s'était acquise une considération si générale, et qu'on avait pour elle tant de bienveillance, qu'elle a traversé la révolution sans éprouver aucun désagrément sous tous les gouvernemens qui se sont succédés; elle a toujours été traitée avec de grands égards, et comme veuve de prince du sang. M. le duc d'Orléans, quoiqu'il vécût de la manière la plus retirée, fut généralement regretté; M. le duc de Penthièvre surtout le pleura comme un ami sincère, et madame de Lamballe mêla ses larmes à celles de sa belle-sœur, à laquelle elle donna, dans ce temps, de nouveaux témoignages de sensibilité et d'attachement.

L'assemblée des notables ne s'ouvrit qu'au mois de mars 1787, ce qui donna le temps aux factieux de cabaler : quand bien même le gouvernement de plusieurs n'aurait pas l'inconvénient de ces machines compliquées dont les rouages s'embarrassent entr'eux, il ne pourrait jamais valoir celui d'un seul, surtout en France, où les assemblées sont toujours troublées par des dissensions intestines. Celle des notables ne servit qu'à avancer les projets des meneurs.

M. de Calonne développa son plan de finances, qui, je crois, suivant mes foibles lumières, était très-exécutable ; il proposait la subvention territoriale qui rendait la répartition des impôts proportionnée aux possessions, ce qui sûrement était de toute justice : mais une de ses plus grandes ressources, était l'édit du timbre, et on sut depuis combien elle était utile. Le parlement s'y opposa : il dit ce que tout le monde feignait d'ignorer, qu'il n'avait pas le droit d'enregistrer les édits bursaux, qu'à la la nation seule appartenait de s'imposer elle-même, et qu'ayant jusqu'alors outrepassé ses pouvoirs, il s'en repentait, et se restreindrait dorénavant dans ses fonctions de conseillers-jugeurs. Si ce ne sont pas les mots dont il se servit dans ses remontrances, c'en était tellement l'esprit, que tout le monde comprit parfaitement que le parlement en appelait aux états-généraux.

Le roi s'y serait volontiers prêté ; mais la cour en avait une frayeur mortelle. On ne parut donc pas entendre ce que l'on demandait, et le refus d'obéir fut puni par l'exil du parlement.

Calonne fut renvoyé, non parce que son plan était mauvais, mais parce qu'il n'avait pas eu le bonheur de le faire adopter. Les courtisans cherchèrent un homme qui fût aussi accommodant que lui ; et firent nommer le cardinal de Brienne. On se rappelait encore les trois cardinaux qui avaient gouverné la France, et l'on trembla de retomber sous la puissance de la pourpre romaine. Mais Brienne n'avait ni le génie ni la cruauté de Richelieu, ni l'adresse de Mazarin, ni le talent d'administrer de Fleuri ; c'était un homme d'esprit : mais, je le répète, un homme d'esprit et qui n'est que cela, n'est rien pour les grandes places, où il faut de grandes qualités pour s'y maintenir.

Il est des momens si critiques, que l'homme du plus grand génie aurait peine à tenir le timon de l'état prêt à être brisé par la tempête; et c'était dans une circonstance si pénible que l'on confiait, avec le titre de surintendant des finances et la puissance de premier ministre, la chose publique à un homme sans principes, qui n'avait pas su respecter les devoirs de son état; ministre d'un Dieu dont il osait nier l'existence, imbu de fausses maximes philosophiques, et croyant éblouir par des projets qui n'avaient d'autre mérite que leur singularité.

Sans vouloir entrer dans les querelles interminables des parlemens avec la cour, que les factieux fomentaient secrètement, je n'en indiquerai que quelques traits, qui rappèleront ce que les écrivains de la révolution ont tracé d'une main plus habile que la mienne. L'ennui fit ployer l'orgueil du parlement; il revint à Paris; enregistra la prolongation du deuxième vingtième, quoiqu'il eût dit, trois mois avant, qu'il n'en avait pas le pouvoir. Le cardinal, enhardi par la faiblesse de ces magistrats, proposa d'autres impôts, et ils furent enregistrés. Mais ce n'était qu'une ressource momentanée, il fallait un emprunt, et le parlement refusait d'enregistrer l'édit de création. On négocia, et au lieu d'un lit de justice on proposa une séance royale. Déprémenil y parla avec cette éloquence qui lui était naturelle, de la nécessité de convoquer les états-généraux. Le roi fut au moment d'y consentir, mais il fallait avant tout de l'argent ; et après avoir entendu les avis de plusieurs membres du parlement, sa majesté ordonna l'enregistrement pur et simple. Le parlement obéit. Le duc d'Orléans fut le seul qui montra une résistance absolue aux volontés du roi, et protesta, en sa présence, contre tout ce qui s'était fait. Il en fut puni par l'exil, et reçut ordre de se retirer à Villers-Cotterets. Ce fut le baron de Breteuil qui le lui signifia. Il eut beau dire au prince qu'il ne s'était chargé de cette pénible mission que pour lui en adoucir l'amertume, il ne lui pardonna jamais; et les gens sans parti, qui n'aimaient pas le duc d'Orléans, ne purent même approuver la démarche de ce ministre, dont la famille devait tout à la maison d'Orléans, et ne virent dans la conduite du baron qu'une insigne ingratitude. Rien n'est comparable à la fureur que cet exil fit éprouver à ce prince. Il haïssait déjà le roi, et surtout la reine : il n'avait pu leur pardonner la perte de ses espérances pour la charge de grand amiral; et cette dernière mesure de rigueur l'exaspéra de telle sorte, qu'il n'était pas maître de garder le secret de la vengeance qu'il méditait. On assure que, dans le premier moment, il jura la perte de ceux dont la puissance l'éloignait du centre des intrigues : mais, peu à peu, il reprit le plan qu'il s'était formé, d'en imposer par un calme apparent, et ne chercha plus qu'à se populariser en province, affectant une affabilité et une gaîté qu'il était loin d'avoir.

Lorsque M. le duc de Penthièvre apprit l'exil de son gendre, il se rendit auprès de lui, non pour ce prince, mais pour la duchesse d'Orléans, qui était venue joindre son époux. Madame de Lamballe ne se dispensa pas non plus des devoirs de l'amitié, et alla, en janvier 1788, passer quelque temps avec sa sœur et son amie.

Villers-Cotterets avait été long-temps le séjour préféré de M. le duc d'Orléans; et malgré la simplicité du château, qui aurait à peine été digne d'un de nos financiers, il y passait plusieurs mois de l'année. Il n'est rien, en effet, de plus beau que la forêt qui semble être un parc planté par les mains de la nature. L'air y est sain, et la température d'une telle douceur, que les fruits y sont délicieux. Mais ce qui doit distinguer cette ville de toutes les autres, c'est l'extrême bonté des habitans ; ils ont une politesse, une obligeance, que l'on ne trouve nulle part ; il semble que l'hospitalité se soit refugiée sous les antiques ombrages de la forêt qui l'environne. O vous que Villers-Cotterets a vu naître, ou qui l'habitez, recevez, dans cet écrit, l'hommage de ma vive reconnaissance! Que n'ai-je les moyens de vous la témoigner à tous en particulier ! Mais je n'ai que l'expression de mon cœur, qui conservera jusqu'à mon dernier soupir le souvenir de votre sensibilité et de vos services ! Je demande pardon de cette digression où j'ai été entraînée par ma sensibilité, et je reprends mon récit.

Les raisons qui rendaient Villers-Cotterets agréable à feu M. le duc d'Orléans, étaient celles qui en éloignaient son fils; dix-huit lieues de la capitale était une distance trop considérable pour lui. D'ailleurs, la simplicité de cette habitation ne pouvait convenir à un homme qui, dans sa Folie de Mousseau, au Rinci et dans toutes ses maisons de plaisance, réunissait toutes les recherches de la volupté. Aussi se déplaisait-il mortellement à Villers-Cotterets, où l'on regrettait bien vivement son père. On y adorait madame d'Orléans, et si cet exil n'eût pas affligé celui qu'elle aimait, quoiqu'il répondît si mal à son affection, elle se serait trouvée heureuse dans cette solitude, environnée de sa famille dont elle partageait les amusemens.

Madame de Lamballe, par sa complaisance pour son neveu, pensa être victime de ces jeux qui ne font tant de plaisir aux enfans que par l'idée du danger qui les accompagne. Les hommes que mille chagrins ont assaillis pendant une longue carrière, tiennent à la vie; les enfans qui n'en ont encore cueilli que les roses, l'exposent sans cesse.

M. de Beaujolois poursuivait sa tante, madame de Lamballe, en jouant avec elle, et ses frères et sœurs, au cerf. La princesse, pour éviter d'être prise, redouble de vitesse ; son pied s'accroche dans une racine, elle tombe de sa hauteur à la renverse. Toute la cour fut très-effrayée ; elle seule assura que ce n'était rien, et cessa de jouer, plus pour céder aux instances de sa belle-sœur, que par la douleur que lui causait sa chute. Elle ne prit aucune précaution. Au bout de quelques jours, le contre-coup se déclara avec tous les symptômes les plus dangereux. Les médecins, les chirurgiens les plus habiles furent appelés, et ils décidèrent que si on ne parvenait pas dans les vingt-quatre heures à dissiper le depôt, il faudrai faire l'opération du trépan. Heureusement que les moyens qu'ils employèrent réussirent ; les inquiétudes cessèrent, et la princesse échappa à ce danger pour vivre encore quelques années dans les alarmes, les chagrins les plus cuisans, et mourir ensuite d'une mort mille fois plus cruelle que celle dont les secours de l'art la garantirent à cette époque.

Madame de Lamballe revint à Paris,

et assista à la séance publique de l'académie française, qui, le 14 mai de la même année, s'ouvrit par la réception de M. le chevalier de Florian. Cet auteur, l'ami de toutes les âmes vertueuses et sensibles, avait été page de M. le duc de Penthièvre, au service duquel il était resté attaché en qualité de gentilhomme. Il faisait hommage de ses aimables productions au prince, avant de les donner au public; et, malgré l'austérité des lois du christianisme, S. A. ne pouvait s'empêcher d'applaudir à ses ouvrages, qui, pour la plupart, n'étaient que des comédies et des romans; mais la morale en était si pure et si douce, qu'il fallait nécessairement convenir, avec Rousseau, qu'un peuple corrompu ne pouvant se passer de ce genre de littérature, il est trop heureux que des auteurs vertueux veuillent bien s'en occuper. C'est la seule manière de faire entendre des leçons de morale à ceux qui ne connaissent d'autres lois que celles du plaisir, et qui n'iraient point chercher dans des livres sérieux, dont le titre seul les épouvanterait, ces traits touchans de tendresse filiale, de probité, d'honneur, de courage, dont les ouvrages de M. de Florian sont semés. Quel est le législateur qui, venant de voir jouer le *Bon Ménage*, eût osé voter la loi du divorce ? Qui ne regrette pas l'empire de la religion et des lois de la chevalerie, après avoir lu *Gonzalve* ? Le dogme consolant de l'immortalité de l'âme est prouvé, sans réplique, dans sa *Galathée*, par le respect qu'inspire la vallée des tombeaux. Si ceux qui sévissent, en général, contre ce genre de productions, trop souvent funeste pour les mœurs, bien plus souvent aussi inutile qu'ennuyeux, ont raison, je leur demande grâce pour les romans de Florian, en les priant de se souvenir que M. le duc de Penthiévre les lui a tous entendus lire avec le plus vif intérêt : il aimait l'auteur et ses ouvrages, parce que, ce qui ne se rencontre pas toujours, l'un donnait une juste idée de l'autre. Aussi vit-il avec satisfaction M. de Florian s'asseoir dans le fauteuil académique; et il ajouta, ainsi que madame la duchesse d'Orléans et madame la princesse de Lamballe, à la gloire de son triomphe, en y assistant. Je ne puis mieux faire connaître la sensibilité que cet auteur en ressentit, qu'en donnant un extrait de son discours de réception, où il peint leurs altesses d'une manière si vraie et si touchante.

Peu de gens étaient parvenus, aussi jeunes, à l'académie française, et y sont entrés avec autant d'éclat que Florian :
« A mon âge, dit-il dans son discours
» de réception, on n'a pu étudier
» l'homme que dans soi-même. Je
» perdrais trop de mon bonheur, en
» imaginant le devoir à moi-même ;
» et mon cœur jouit mieux d'un bien-
» fait, que ma vanité ne pourrait jouir
» d'un triomphe ».

Ici sa reconnaissance se tournait naturellement vers un prince (1) « que
» soixante ans d'une vie pure et sans
» tache ont rendu l'objet de la véné-
» ration ; dont le nom, tant de fois béni
» par le pauvre, n'a jamais été prononcé
» que pour rappeler une bonne action ;
» qui, né dans le sein de la grandeur,
» comblé de tous les dons de la fortune,
» ignore s'il est d'autres jouissances que

___

(1) S. A. S. le duc de Penthièvre, présent à la séance, ainsi que madame la duchesse d'Orléans, les princes ses fils, et la princesse de Lamballe.

» celle d'être bienfaisant ; celui dont
» l'aimable modestie souffre, dans ce
» moment, de m'entendre révéler ses
» secrets, et qui aura peine à me par-
» donner la douce émotion que je vous
» cause : il a daigné solliciter pour moi ;
» son rang n'aurait pas captivé vos âmes
» libres et fières, mais ses vertus avaient
» tout pouvoir sur vos cœurs vertueux
» et sensibles ».

L'émotion fut vive en effet ; mais elle redoubla, lorsqu'à la faveur d'une transition adroite et heureuse, on entendit l'éloge des deux princesses, « dont l'une,
» appelée, par son rang et par des de-
» voirs chéris de son cœur, auprès d'une
» reine bienfaisante, ne veut de crédit
» que pour être utile, et de faveur que
» pour être aimée ; dont l'autre, mo-
» dèle adoré des filles, des épouses,
» des mères, en vivant toujours pour
» les autres, rend impossible à tout ce
» qui l'entoure de vivre autrement que
» pour elle, n'a jamais cherché que sa
» propre estime, et s'est attirée un culte
» public, s'étonne qu'on lui sache gré
» de devoirs qui sont ses plaisirs, et
» que nous voyons placée entre l'exem-
» ple et la récompense de ses vertus,

» son père, qu'on avait cru inimitable
» comme elle ».

A ces mots, les plus vifs applaudissemens, un transport universel s'élança du fond des cœurs. Quel spectacle ! quel hommage rendu à la vertu ! comme tous les yeux, mouillés de larmes de tendresse, se tournaient vers les objets de ce culte public, qui, de leur côté, étaient émus, et paraissaient pénétrés de la plus vive reconnaisance ! M. de Florian mourut, peu d'années après, victime de son attachement à ses bienfaiteurs, dont les malheurs lui firent une impression terrible; et, s'il échappa à la hache homicide, les lettres n'en ont pas moins à demander compte de sa mort à l'affreux gouvernement des tyrans de 1793, puisque ce sont les horreurs qu'ils commirent, qui furent cause du chagrin profond dont cet homme sensible fut accablé, et qui, détruisant sa santé, le conduisit lentement au tombeau. On attribue à cet aimable auteur le portrait de madame de Lamballe, qui parut vers ce temps.

Lorsque Vénus donna le jour aux Grâces,
Elle leur dit : Enchantez les mortels ;
Les Jeux, les Ris marcheront sur vos traces,
Et tous les cœurs deviendront vos autels.

Vous, Aglaé, vous aurez, pour leur plaire,
Un joli front, avec deux grands yeux bleus :
Sur votre taille élégante et légère,
A flots dorés joûront vos longs cheveux.

Bouche mignone et lèvre purpurine ;
Perles autour, teint de rose et de lys,
Seront le lot de la tendre Euphrosine,
Dont le cœur seul connaîtra tout le prix.

Un esprit fin, le sel de la saillie,
Une voix tendre, une aimable gaîté,
Le goût des arts embelliront Thalie ;
Car le talent ajoute à la beauté.

Jaloux de voir la brillante fortune
Du beau trio que fit alors l'Amour,
Il rassembla les trois Grâces en une,
Belle Lamballe, et vous vîtes le jour.

Il n'est qu'un point où vous et vos modèles,
Douce beauté ne vous ressemblez pas ;
La Volupté marchait toujours près d'elles ;
C'est la Vertu qui conduit tous vos pas.

Six mois s'étaient écoulés de la dernière des mille de gloire de la maison régnante, lorsqu'une de ces grandes secousses de la nature sembla prédire, par le plus terrible orage que de mémoire d'homme on peut se rappeler, celui, plus violent encore, qui éclaterait, au moral, le même jour de l'année suivante, le 14 juillet 1788. Le roi chassait dans la forêt de Rambouillet, quand tout-à-coup un ouragan parcourt, avec la rapidité de l'éclair, cent lieues de pays dans sa longueur, sur environ quatre à cinq de large. Dans cet espace, le ciel sembla avoir rompu une partie de la voûte azurée qui tombait en morceaux de glace, dont la dureté égalait celle du cristal. Tout fut détruit par ce fléau dévastateur ; les hommes même qui se trouvent dans les champs ne peuvent s'y soustraire qu'en gagnant, avec la plus grande vitesse, les cavités des rochers ; les troupeaux sont écrasés ; la cîme orgueilleuse du chêne est abattue et brisée, par ces morceaux de glace, comme le plus faible arbrisseau, emblème trop frappant de ce qui arriva dans le cours de l'année qui suivit celle-ci. Il ne resta, dans l'étendue dont je viens de parler, rien qui pût dédommager le laboureur de son travail. Les blés, prêts à recevoir la faucille, étaient non-seulement hachés, mais la terre ayant été déchirée par la chute de ces grelons (dont il y en avait du poids de dix livres), que les racines en étaient étendues sur le sol. Rien n'était comparable à la désolation que cette tempête laissa après elle, et que la bienfaisance seule des riches propriétaires adoucit.

M. le duc de Penthièvre non-seulement remit à ses fermiers leur redevance, mais il fit distribuer des secours considérables aux habitans de ses terres qui avaient été ruinés par l'ouragan et la grêle. Madame de Lamballe y joignit des dons particuliers. Ah! jouissez, bonne et sensible princesse, du bonheur de répandre des bienfaits, de sécher les larmes des infortunés! Quelqu'affreuse qu'ait été votre fin déplorable, vous eûtes, jusqu'à vos derniers momens, le bonheur de pouvoir faire du bien à ceux qui vous entouraient. Vous n'avez pas été réduite, comme les autres personnes de la famille royale, à l'impuissance de donner, qui est, comme le disait la fille de Louis XVI, la véritable pauvreté. Moissonnée la première, de cette race auguste et infortunée, c'est en quelque sorte du sein des jouissances que vous avez passé dans la nuit du tombeau, et vos jouissances étaient de rendre heureux tout ce qui avait le bonheur de vous être attaché.

Cependant, les évènemens se pres-

-saient, et le parlement, par son obstination, et Loménie, par sa maladresse, livraient l'état à la faction désorganisatrice, qui prenait chaque jour de nouvelles forces. Le ministre proposa une cour plénière, qui enlevait au parlement de Paris l'avantage d'être la cour des pairs, l'abolition des deux chambres, la création de grands bailliages, pour resserrer l'étendue du ressort du parlement de Paris, et toujours des emprunts et des impôts que le parlement refusait d'enregistrer; ce qui causa des convulsions que les ennemis de l'ordre rendaient tous les jours plus terribles.

Loménie, lassé de lutter, sans moyens, contre tant de difficultés, qui devenaient de moment en moment plus insurmontables, se retira, et, pour le malheur de la France, il laissa aux intrigans le moyen de faire rappeler Necker. Celui-ci fut reçu, par tous les partis, comme un dieu tutélaire; et ce fut à l'occasion de son retour au ministère, que l'on vit se manifester les premières émeutes populaires : elles commencèrent dans la place Dauphine. Un nommé Carl, protestant, excita les ouvriers en orfévrerie, qui étaient presque tous calvinistes, à témoigner leur joie d'une manière fort alarmante pour les paisibles habitans de ce quartier. Ils les forçaient d'illuminer leurs maisons, et jetaient des pierres contre celles qui ne l'étaient pas. Ce Carl fit une dépense tellement au-dessus des moyens qu'on lui connaissait, pour distribuer de l'argent et du vin à toute cette troupe d'écervelés, que l'on ne douta pas qu'il n'était que l'agent du parti qui commençait à se faire craindre.

Ces premiers rassemblemens, enfans de la gaîté populaire, dont les éclats ont toujours quelque chose de féroce, mais dont cependant on ne connaissait pas encore le danger, prirent bientôt un caractère plus alarmant; et l'on vit, comme dans les rues de Londres, le peuple s'essayer, sur des mannequins, à frapper des coups plus terribles : celui de Loménie, en habit de cardinal, fut brûlé dans la place Dauphine. On vit aussi mille autres extravagances, que l'on entremêlait d'une espèce de culte, que ces mutins exigeaient de tout ce qui passait devant la statue d'Henri IV : hommage que ce grand roi méritait, mais qui, dans le sens où les meneurs le faisaient rendre au peuple, n'était qu'une satire contre le roi régnant.

Le duc d'Orléans, qui prouvait, dans toutes les occasions, beaucoup d'attachement à la cause du peuple, passa en voiture, sur le Pont-Neuf, à l'instant où cette tourbe était rassemblée au pied de la statue de son aïeul. On lui signifia, comme aux autres, d'en descendre, ce qu'il fit avec une extrême complaisance, et cria, avec ces bandits : *vive Henri IV!* Ce furent ces mêmes individus, indignes d'honorer le plus grand homme que la France compte au nombre de ses rois, qui abattirent cette statue, que la reconnaissance aurait dû garantir de la fureur du vandalisme. Et croyez, après cela, que la multitude a une opinion : non, elle n'a que celle de ceux qui la paient ou l'égarent. On employa la force pour réprimer cette première effervescence ; mais la cour n'avait point de plan fixe, et on ne savait quel parti prendre.

Necker, soutenu ou soutenant le parti opposé à la cour, car l'un ne me paraît pas plus prouvé que l'autre, cherchait à profiter des troubles pour arriver à son but, qui était d'humilier la noblesse et le clergé ; ce qu'il ne pouvait faire que par la convocation des états-généraux. C'était le vœu de toute la nation par des motifs différens; et le parlement, qui s'en croyait l'organe, les demandait à grands cris. La paix avec la cour fut signée à ce prix; et la famille royale eut la douleur de voir ces mêmes hommes, qui depuis quelque temps agitaient la capitale, porter le peuple à rendre à ses magistrats les hommages qu'il était accoutumé à n'offrir qu'à ses rois. Pour lui en marquer sa reconnaissance, le parlement s'empara de tous les coupables pris dans les dernières émeutes, et, d'après un jugement, les mit en liberté. La cour, qui se flattait que les états-généraux abaisseraient l'orgueil de ces corps, qui depuis si long-temps rivalisaient de puissance avec elle, abandonna la suite de cette affaire. Le calme revint dans la capitale pendant quelque temps; mais les monstres qui voulaient la perte du roi, avaient organisé des moyens trop sûrs d'entretenir le trouble pour que cette tranquillité apparente pût être stable.

Nous avons parlé de ce terrible orage qui avait dévasté une si grande étendue de pays. Parmi les fautes du cardinal de

Loménie, la plus funeste à cette époque fut la permission illimitée de l'exportation des grains. La faction désorganisatrice en profita d'une manière bien cruelle. Au moment où cet évènement rendit le blé plus rare, leurs chefs, à ce que l'on assure, firent enlever, à l'instant de la récolte, presque la totalité des grains, et les firent passer en Angleterre, pour les en faire revenir ensuite à un prix exhorbitant. Il était facile de faire entrer ces hommes dans ce projet, qui ne fut que trop bien exécuté, puisqu'outre le plaisir de faire du mal, c'était un moyen de gagner de l'argent. On ne s'aperçut de l'enlèvement de cette denrée de première nécessité, surtout pour les Français, que lorsqu'il n'y avait plus moyen d'y remédier. Louis XVI en éprouva la plus sensible affliction; et le peuple, qui l'accusait de sa détresse, ne savait pas à quel point il en était douloureusement affecté.

Ce fut alors que sa majesté s'abandonna aveuglément aux volontés de M. Necker, à qui il croyait un talent particulier pour les approvisionnemens. En effet, ce ministre avait écrit, sur ce sujet, un ouvrage très-éloquent avant d'être chargé des finances ; mais écrire et agir sont deux choses très-différentes. Il lui fut impossible d'empêcher le renchérissement du pain à Paris ; ce qui était toujours, même dans les temps où le monarque avait le plus de puissance, une cause de mouvemens dangereux : qu'on juge ce qu'il devait être dans ces momens où tout servait les factieux. Les provinces n'étaient pas plus tranquilles que la capitale : la Bretagne surtout était dans une fermentation très-inquiétante ; ce qui est le plus extraordinaire, et qui prouve que ce qui est décidé dans les décrets de la Providence, ne peut manquer d'être. La secte philosophique voulait une révolution, pour tout ramener à l'idée favorite des philosophes, *égalité absolue* ; et ce furent les nobles et les corps privilégiés qui en amenèrent l'instant.

Je sais bien, comme je l'ai déjà remarqué, que l'esprit de la ligue existait encore. On était las de l'ordre des choses. La noblesse de province était envieuse de celle de la cour. On voulait l'égalité, c'est-à-dire que personne ne voulait connaître rien au-dessus de lui. Cette inquiétude avait été l'ouvrage d'une paix trop longue; ce qui, dans un état monarchique, est un grand inconvénient, parce que la noblesse n'ayant rien à faire que de servir, reste pendant la paix dans une oisiveté qui l'abâtardit si elle est ignorante, et qui la porte à l'esprit de révolte si elle s'instruit.

Les ministres avaient fait une grande faute à la fin de 1787, en abandonnant la cause des Hollandais, après les avoir soulevés contre le stathouder. Si à cette époque on avait employé l'activité de cette turbulente noblesse, pour soutenir ses utiles alliés, on ne l'aurait pas vue se mêler des affaires des parlemens : mais il était écrit que la liberté planerait sur la France, et que tous les ordres, par des moyens différens, arriveraient au même point.

Quand on fut convenu de la nécessité de convoquer les états-généraux, il restait une grande difficulté, c'était de savoir quelle forme on donnerait à la représentation. M. Necker, fidèle dans son cœur au parti populaire, en caressant les grands, surtout le clergé, qu'il trompait par ses fausses promesses, sentait qu'il n'y avait que la double représentation qui assurerait la réussite de ses projets, qui, je crois, étaient, à cette époque, très-opposés à ceux des révolutionnaires avec lesquels la force des circonstances pût seule le réunir. Il voulait, à ce que j'ai toujours pensé, une démocratie royale où il se flattait d'être la seconde personne de l'empire ; les grands, une aristocratie pure, dont le roi eût été le chef. Les scélérats voulaient des troubles, la guerre civile et toutes ses horreurs, pour que le roi et sa famille périssent victimes des fureurs populaires, et leur laissassent le champ libre pour dévaster la France. M. Necker cherchait à donner au tiers-état tous les moyens d'écraser les deux autres ordres. Il avait trouvé le roi peu content des notables ; Burck assure même qu'il avait persuadé à sa majesté que la seule manière d'affermir sa puissance, était de diminuer celle des grands. Je ne conçois pas, si l'assertion de cet Anglais est vraie, comment elle a pu trouver quelque crédit sur l'esprit du monarque ; il me semble que ce raisonnement ressemblerait à celui d'un architecte qui voudrait prouver que, pour assurer la solidité d'une coupole, il serait nécessaire d'abattre les colonnes qui la soutiennent. J'aime donc bien mieux croire que le ministre n'eut besoin, pour faire adopter son plan, que de présenter au roi l'utilité qu'en retirerait la partie la plus nombreuse de son peuple.

Non, Louis XVI ne pouvait vouloir que le bien des hommes, et il était incapable de ces froids calculs de la politique qui sacrifie tout à son seul intérêt. Peut-être est-il possible que l'esprit philosophique eût aveuglé le roi; qu'il ne regarda pas comme important au soutien de la monarchie de conserver les priviléges des nobles, qu'il trouvait onéreux aux autres classes de la société. Mais avoir eu le projet de les détruire, pour établir un despotisme absolu sur le reste de ses sujets, non, cela n'a jamais pu entrer dans l'esprit du meilleur des hommes, et il n'es qu'un étranger qui ait pu avoir cette opinion de Louis XVI. Il est donc bien plus à présumer que M. Necker ne lui confia jamais ses projets, si toutefois il en avait lui-même; car tout est énigmatique dans ces évènemens, les résultats seuls en sont connus, mais les ressorts qui les produisirent resteront ensevelis dans la nuit des temps. *Que sais-je!* disait Montaigne en parlant des sciences. Ce mot s'appliquerait bien plus justement encore pour tout ce qui a trait à la politique; et ceux qui établissent un système et veulent y soumettre les différens personnages qui figurent sur la scène, n'écrivent qu'un roman sous le nom imposant de l'histoire. Les hommes agissent d'après les évènemens qui se succèdent rapidement, surtout dans les temps de révolution, et il est impossible de deviner ce qu'ils n'ont peut-être jamais pensé ; la seule manière d'approcher de la vérité, surtout comme le dit un auteur bien intéressant, lorsque ceux que l'on veut juger sont morts, c'est de comparer l'ensemble des actions d'un homme; alors on peut dire presqu'avec certitude, Louis XVI n'a pu vouloir que le bien, les meneurs de la révolution que le mal.

Quand le ministre vit qu'à l'exception du roi il avait trop de difficulté à faire adopter son plan, il eut recours à une seconde assemblée de notables. Ce que je remarquerai encore, c'est que des sept bureaux qui se formèrent, un seul adopta la double représentation. D'après cela, il semblait qu'on aurait dû ne pas aller en avant; mais M. Necker le voulait, et alors ce qu'il voulait s'exécutait nécessairement. Il ne faut que jeter un coup-d'œil sur l'état des trois ordres, pour présumer ce que l'on devait attendre de cette forme qui a été si utile aux apôtres de la liberté.

Les nobles, pour la plupart, ou vivaient pauvres et ignorés dans les provinces, ou venaient à la cour mendier des faveurs. Ce n'étaient plus les pairs du roi, les défenseurs nés de la monarchie ; c'étaient en général des hommes qui ne comptaient les honneurs attachés à leur naissance que comme un moyen d'avoir plus d'argent, ou d'en payer moins à l'Etat. Ainsi, comme le dit l'auteur que j'ai déjà cité, la noblesse s'était laissé dépouiller de ses utiles prérogatives, pour avoir en échange des priviléges dangereux pour la société. D'ailleurs, ce corps était moins susceptible d'union que les deux autres, par l'extrême différence qu'il y avait entre noble et noble. Sur quatre-vingt mille familles nobles en France, il n'y en avait, à ce qu'on assure, que mille d'origine ; ce qui ne surprendra pas en pensant au nombre de charges qui ennoblissaient, et quand on sait que lors de la guerre de la succession, les lettres de noblesse se vendaient six mille francs.

Le clergé n'avait plus cette prépondérance qu'il avait due si long-temps à la vénération du peuple; et l'extrême jalousie du bas clergé contre les évêques, et contre tous ceux dont les dignités rapportaient beaucoup d'argent, entretenait des divisions intestines dans cet ordre, qui l'empêchaient d'agir d'une manière utile pour la conservation de ses priviléges qu'il craignait tant de perdre.

Au contraire, le tiers-état ne pouvait avoir qu'une même volonté, abaisser les premiers, et se trouver leur égal. Les lumières, l'esprit, les connaissances étaient au moins les mêmes que dans les deux autres; et dès qu'ils étaient le double, ils réunissaient le double de moyens. D'ailleurs, je ne sais comment on avait pu influencer les choix, de manière à ce que sur trois cents membres du clergé, il s'en trouvait deux cent trois sans dignités ecclésiastiques, qui par conséquent devaient se réunir au troisième ordre d'où ils avaient pris la naissance; et sur les six cents du tiers, il y en avait trois cent soixante-quatorze pris dans les hommes de loi : accoutumés à discuter les intérêts de leurs clients avec adresse, que ne feraient-ils pas lorsqu'il serait question des leurs !

A cette époque, ceux qui voulaient la révolution ne dissimulèrent plus leurs projets; ils n'avaient plus besoin de l'influence mystérieuse des francs-maçons; et, comme le dit dans le temps un homme que j'ai beaucoup connu et qui jugeait de sang-froid, les loges furent ouvertes, et les clubs les remplacèrent avec une telle fureur, que bientôt chaque parti eut les siens; celui des Monarchiens, cependant, ne se forma qu'après celui des Jacobins, que les premiers nommèrent des enragés, et les chefs de la faction s'y montrèrent avec la plus grande assiduité. Ils négligèrent les parlemens, dont ils n'avaient plus besoin, et surent, par leurs agens, leur enlever la faveur du peuple : ainsi ce corps, après avoir tout sacrifié, à ce qu'il disait, au bonheur de ce même peuple, en fut abandonné.

Il semblait que les intempéries des saisons conspirassent avec les ennemis du trône, pour leur procurer les moyens d'assurer leurs coupables projets. Nous avons déjà vu avec quelle cruauté ils avaient, sous des noms étrangers, arraché à la France les grains que la grêle avait épargnés ; voyons-les, dans le cruel hiver qui précéda la tenue des états, profiter de l'affreuse misère que la rigueur de la saison faisait souffrir à tout ce qui ne vit que de son travail ; paraître, pour gagner le peuple, répandre à pleines mains des bienfaits qui presque tous se passèrent en promesses, sur la foi desquelles les curés et les administrateurs avancèrent des fonds assez considérables, dont on ne les remboursa pas.

Madame la duchesse d'Orléans, mesdames de Lamballe et de Bourbon donnèrent des sommes très-fortes ; mais comme elles étaient femme et sœur du duc d'Orléans, qui, dans ce moment, était porté aux nues par les chefs de la faction désorganisatrice, ceux-ci disaient que c'était lui qui donnait : il y avait des journaux qui répétaient, à chaque page, qu'il nourrissait la moitié de Paris, et on le croyait. Ces journalistes écrivaient que, sans lui, la moitié des habitans de ses terres seraient morts de faim et de froid, et on le croyait. Cependant, j'ai la certitude qu'une petite ville de son apanage, où il y a quinze cents habitans, a reçu, pour tout secours, huit cents livres de riz dans tout le cours de l'hiver, et quelques cordes de bois; et je crois pouvoir assurer que toutes ces aumônes, qu'on faisait sonner si haut, n'étaient pas plus abondantes; et tandis que le roi et la reine répandaient, avec la plus grande profusion, leurs secours sur les pauvres, et qu'on n'y pensait seulement pas, on célébrait avec emphase les dons, peut-être intéressés, de leurs ennemis.

Ces mêmes hommes, qui, lors de la construction des rues du Palais-Royal, ne cessaient de reprocher au duc d'Orléans son amour de l'or, célébraient, en 89, sa générosité, son humanité, sa bienfaisance; mots d'autant plus répétés dans ces temps, que ce qu'ils expriment était le plus banni des mœurs. M. le duc d'Orléans s'arrêtait dans les places publiques, gémissait sur la misère du peuple, faisait allumer des feux dans les rues, qui servaient de point de ralliement aux factieux. Louis XVI sortait seul, à pied, son chapeau sur les yeux, montait dans les greniers de Versailles, donnait des secours réels à la vertu malheureuse, et cachait ses bienfaits avec autant de soin que son cousin en mettait à les publier. Ne peut-on pas se dire : l'un a reçu des hommes sa récompense, et l'autre, qui n'a rien fait que pour Dieu, à qui les actions les plus cachées sont connues, la reçoit maintenant de lui dans sa véritable patrie.

Madame de Lamballe et M. le duc de Penthièvre adoucissaient, autant qu'il était en eux, les maux dont Paris était accablé par la cherté du pain et la rigueur du froid, qui suspendait tous les travaux et nécessitait une dépense de plus, étant impossible de vivre sans feu. Que dis-je ? impossible ; hélas ! que de familles, en 1789, étaient privées de ce bienfait, l'un des plus beaux apanages de l'homme civilisé, et qui mit une ligne de démarcation entre lui et la brute, qui n'a jamais su, comme les fils de Japhet, dérober les rayons du soleil !

Parmi les nombreuses familles que Paris renferme dans son sein, il en est dont les plus grands maux tiennent à l'opinion, qui, surtout avant la révolution, était même plus forte que l'amour maternel, le plus prononcé de tous les amours.

M. de** avait vu, dans sa jeunesse, sa mère dissiper (1) en procès un bien assez considérable, et, à la mort de cette dame, son fils trouva un tel embarras dans les affaires de la succession, qu'on lui conseilla d'y renoncer. Ce moyen lui parut peu délicat, et il aima mieux courir les chances d'une liquidation incertaine.

Cependant, pour y parvenir, il s'adressa à un notaire dont la probité était reconnue, et qui avait un frère attaché à la reine; le notaire s'en chargea. M. de** allait souvent dans cette maison; il eut occasion d'y voir la fille de celui qui suivait le recouvrement de ses fonds; il la trouva charmante, la demanda en mariage et l'obtint. Il laissa sa femme chez ses parens, et continua son service. Il était alors capitaine d'infanterie. Ses appointemens ne suffisaient pas pour le soutenir au service; mais

---

(1) Je ne me permets pas de mettre ici un nom respectable, mais que la pauvreté avait en quelque sorte avili, si la vertu pouvait l'être par l'adversité.

son beau-père y suppléait avec magnificence, étant très-flatté d'avoir pour gendre un homme de qualité. Tout alla le mieux du monde tant que le père de madame de ** vécut ; mais, à sa mort, elle se trouva en butte à l'avarice de deux frères plus âgés qu'elle, et fils d'un premier lit. Ces hommes vraiment sordides établirent, avec une rigueur extrême, le compte de ce que leur père avait donné à leur sœur et à son époux, supprimèrent les pièces qui prouvaient que la plupart de ces sommes avaient été compensées par ce qui revenait de la liquidation ; enfin, mirent tant de fraude dans les comptes, que M. et madame de ** se trouvèrent complètement ruinés. Tout ce qui pouvait leur revenir de la succession du père de madame de ** fut absorbé jusqu'au mobilier, et cette malheureuse femme se vit forcée de quitter la maison qui l'avait vu naître, où elle avait reçu, elle et son époux, tant de preuves de tendresse de son père, pour se retirer dans un hôtel garni, n'ayant pas de quoi acheter des meubles, ses frères s'étant emparés de tous ceux de leur père, dont ils avaient soustrait l'argenterie et les effets au porteur. Madame de ** et ses enfans attendirent, dans cet hôtel, le retour de M. de ** pour prendre un parti. Il vint les joindre presqu'aussitôt, donna sa démission, vendit tous les objets de luxe qui lui restaient, et engagea sa femme à exiger de ses frères la révision des comptes. Ces hommes, aussi dénaturés que de mauvaise foi, trouvèrent le moyen d'éluder cet acte de justice. Les ressources de M. et de madame de ** s'épuisèrent; ils furent obligés de se retirer, avec leurs enfans, dans un grenier d'un faubourg de Paris. C'est là que le terrible hiver dont nous parlons vint les surprendre. A peine couverts, couchés sur la paille, mourant de froid et de faim, ils attendaient la mort et celle de leurs enfans, sans pouvoir se résoudre à recourir à aucun moyen servile pour prolonger leur existence, moins encore à la froide et humiliante pitié de leurs semblables.

Cependant madame de ** ne pouvait voir, sans une douleur extrême, ses enfans, qui jusques-là avaient fait sa gloire et son bonheur, réduits à se disputer quelques alimens grossiers, qu'encore elle n'avait aucune certitude de pouvoir leur procurer d'ici à quelques jours;

elle voyait leurs yeux se creuser, leurs joues, leurs lèvres se décolorer, la maigreur la plus extrême détruire ces formes gracieuses de l'enfance. Son époux, malade de chagrin, de misère, ne peut plus se soutenir, elle seule conserve le courage d'une mère, elle rassemble ses forces pour écrire à la reine, à qui son oncle, comme nous l'avons dit, avait été attaché ; et sans en parler à sa famille, elle se rend à pied à Versailles, présente elle-même à la reine un mémoire très-circonstancié de sa position. Madame de ** avait reçu de la nature une physionomie aussi noble qu'agréable, et les traces du malheur n'en avaient pas entièrement altéré les charmes. La reine en fut frappée, et jetant un coup-d'œil sur la signature, en reconnut le nom, qui était le même que celui de cet officier de la reine dont j'ai parlé, et pour qui cette princesse avait des bontés. Elle s'en souvint, quoiqu'il fût mort depuis plusieurs années ; sa nièce l'intéressa, et cette bonne princesse lui donna sur-le-champ une bourse qui contenait vingt-cinq louis, et lui ordonna d'aller trouver madame de Lamballe pour qu'elle lui rendît compte de ce qu'on pouvait faire pour elle. On pense bien avec quelle joie cette mère reçut ces témoignages de bonté de sa souveraine ; elle prend une voiture, arrive à l'hôtel de Toulouse, obtient d'être admise en la présence de la grande-maîtresse, à qui elle raconte et ses malheurs et la manière pleine de bontés dont la reine a daigné l'accueillir. Madame de Lamballe l'assure qu'elle suivra les intentions de sa majesté ; ordonne à un écuyer d'accompagner madame de** chez elle. Madame la princesse de Lamballe voulait s'assurer de la vérité du récit de cette infortunée. M. de** monte dans un des carrosses du prince avec M. de **, et ils arrivent chez elle. Elle eût bien voulut dérober à l'écuyer de la princesse le spectacle affreux de sa misère, mais les ordres de la princesse étaient précis. M. de ** ne pouvait en croire ses yeux ; il ne se persuadait pas que des gens d'une famille respectable fussent réduits à un pareil sort, et encore moins que des frères pussent en être cause. Certain que les premiers bienfaits de la reine les mettraient à l'abri des cruelles privations qu'ils avaient éprouvées, il les quitta en les assurant qu'ils obtiendraient justice.

En effet, M. de M** rendit à madame de Lamballe, avec tant d'énergie, le tableau dont ses yeux avaient éte frappés, que la princesse ne put retenir ses larmes, et partit aussitôt pour Versailles, où elle assura la reine que sa protégée méritait ses bontés par ses malheurs, et plus encore par ses vertus. Sa majesté écrivit au lieutenant de police pour qu'il fît interroger les frères de madame de **. Ceux-ci furent contraints d'avouer leur injustice, et de partager avec leur sœur. La reine fit donner à M. de** une place de major d'une de nos villes de guerre, dota sa fille aînée, et prit le plus jeune de ses fils pour son page. Tant de bonheur, après tant de peine, ne fut pas de longue durée, et ne servit qu'à redoubler l'attachement que madame de ** avait inspiré à ses enfans pour la reine. La première douleur de cette famille fut la mort de madame de Lamballe. Celle de leur bienfaitrice sembla briser les liens qui les attachaient à leur patrie. Ils quittèrent le sol de la France, où ils croyaient voir sans cesse les bourreaux de ces deux charmantes princesses. Ils passèrent dans les Etats-Unis, où ils formèrent un établissement qu'ils devaient à la bienveillance de ces illustres victimes, et où ils conservent à leur mémoire le plus profond respect, et la plus vive reconnaissance.

Tandis que le roi, séduit par les raisonnemens de M. Necker, attendait le repos et la gloire de son règne, des états-généraux, la reine en sentait tout le danger; et décidée, comme sa conduite l'a prouvé, à ne jamais abandonner son mari et ses enfans, elle ne voyait pas, sans la plus mortelle inquiétude, les agitations où les différens partis allaient jeter le royaume. Un chagrin bien vif se joignait à ses alarmes, M. le Dauphin était dangereusement malade; c'était un enfant charmant, et qui, comme tous ceux que de longues souffrances ont mûris, annonçait une justesse dans l'esprit, une fermeté dans le caractère, qui étonnaient les hommes du plus grand mérite, à qui on éducation était confiée. La reine l'aimait à l'idolâtrie, et ses craintes pour les jours de cet enfant chéri suspendaient celles que l'état politique de la France lui causait. Jamais femme n'aima plus ses enfans; elle avait si long-temps attendu le bonheur d'être mère, qu'il semblait que son affection s'en était accrue. Rien n'était comparable à la douleur qu'elle ressentait de voir M. le Dauphin dépérir chaque jour. Malgré les tendres soins de ceux qui l'entouraient, et l'art des médecins, rien ne put le sauver; il mourut peu après l'ouverture des états. Son âme, qui annonçait la fierté et la sensibilité la plus grande, brisa ses liens avant qu'il eût pu sentir tous les maux qui allaient fondre sur sa maison. La reine fut inconsolable : le roi partagea sa douleur; et reportant sur le fils qui lui restait, et sur son adorable fille, l'affection qu'il avait pour l'enfant que le ciel lui redemandait; il n'éprouva quelqu'adoucissement à sa profonde tristesse que dans les douces caresses de ceux qui lui restaient. Madame de Lamballe, toujours amie constante de la reine, vint à Versailles mêler ses larmes aux siennes. Quoiqu'elle n'eût pas goûté les charmes et les douleurs attachés à la maternité, son âme tendre et aimante n'en devinait pas moins ces sentimens, et son attachement pour la reine lui faisait ressentir cette peine cruelle, comme si elle lui eût été personnelle.

Les conférences nocturnes qui s'étaient tenues à Paris, furent transférées à Passy. Les conseillers au parlement n'y assistaient plus ; il fallait des hommes plus propres aux vues désorganisatrices des chefs de la faction. Je ne me permettrai pas de nommer ceux qui s'y rendaient, la plupart existent encore, ils peuvent se repentir, servir la France, qu'ils faillirent anéantir ; car, il faut en convenir, il y avait parmi eux des hommes d'un grand génie, et quand on nomme Mirabeau (celui-là n'est plus), on peut donner une idée des qualités les plus brillantes de l'esprit et des dons les plus rares de l'éloquence. La partialité ne conduira jamais ma plume, et je rendrai toujours justice aux grands talens, en convenant de l'abus qu'en ont fait ceux qui les possédaient. Cette association dura jusqu'à l'ouverture des états-généraux, et se réunit alors au club des Jacobins, dont le nom est devenu la plus mortelle injure.

Cependant, tout se disposait pour les élections. Déjà M. le duc d'Orléans s'était fait nommer député du bailliage de Villers-Cotterets ; et on prétend qu'il influença les élections de Paris, où il trouva le secret de ne faire élire que ses amis : on poussa même la flagornerie au point de le choisir pour député de cette ville, quoiqu'il le fût déjà d'un autre bailliage. S'il avait prévu l'être de Paris, il aurait, sans doute, moins intrigué dans le Valois. Mais, enfin, il ne pouvait l'être de l'un et de l'autre ; il s'en tint à sa première nomination.

Il ne faut pas croire qu'à cette époque il ait été le seul des princes du sang qu'on ait appelé à l'honneur de représenter la noblesse française, tous eussent été nommés ; mais la cour, par une politique bien étrange, s'y opposa. La noblesse du duché d'Albret, dont le nom rappelle celui de la mère d'Henri IV, avait envoyé une députation à M. le comte d'Artois. La ressemblance des goûts de ce prince avec ceux de Henri-le-Grand, donnait aux habitans de la province qui avait vu naître l'amant de Gabrielle, un grand attachement pour son petit-fils : on voit, par les réponses de M. le comte d'Artois, qu'il éprouvait un sensible regret de ne pouvoir répondre à la confiance des Béarnais. Il n'articule point les raisons de son refus ; mais il est aisé de penser qu'elles n'étaient autres que la volonté du roi, à qui sûrement on avait persuadé qu'il n'était point de la dignité des princes de la maison régnante, de siéger aux états : comme si cette assemblée n'était pas aussi respectable que celle des pairs, où ils s'honoraient de prendre place ! Mais il fallait, pour que le duc d'Orléans la gouvernât comme les meneurs le voulaient alors, qu'il y parût seul du sang des Bourbons ; car ceux qui prétendaient anéantir toutes distinctions, savaient bien que la multitude tiendrait encore long-temps au prestige des rangs, et que M. le duc d'Orléans en imposerait, par cela seul qu'il était prince du sang, et qu'on lui saurait un gré infini des sacrifices qu'il ferait. O hommes ! parmi ceux d'entre vous qui se piquent de philosophie, que vous êtes encore imbus des préjugés que vous prétendez détruire !

Dès que le duc d'Orléans fut nommé, il voulut donner une haute idée de ses principes, et il fit répandre avec profusion un ouvrage dans lequel il exposait ses intentions. Ce prince, qui jusqu'à ce jour avait fait poursuivre, avec une extrême rigueur, un paysan qui se serait permis de tuer un lièvre dans son champ; qui avait dans ses apanages des terres gardées comme les plaisirs du roi, et où le gibier dévorait les récoltes, pour qu'il y vînt une fois tous les trois ou quatre ans prendre le plaisir de la chasse, déclara que son premier vote serait pour l'abolition des capitaineries. Mais si ce sentiment était dans son cœur, qu'avait-il besoin de loi pour le manifester? Y en avait-il une qui le forçât à faire garder à grands frais des terres si éloignées de ses maisons de plaisance? et ne pouvait-il pas, avant la tenue des états, ordonner aux officiers de ses chasses de traiter avec indulgence ceux de ses vassaux qui commettaient quelques délits?

M. le duc de Penthièvre, qui ne consigna pas dans un écrit cette abnégation de ses priviléges, ne laissa jamais détruire, par l'abondance du gibier, le travail du laboureur. Jamais il ne fit exécuter dans ses nombreux domaines les lois rigoureuses de la chasse; il n'avait pas besoin de lois nouvelles, celle de l'évangile suffisait à son cœur; et il prouvait par sa conduite que c'est dans les principes contenus dans ce livre divin, que se trouve la véritable philanthropie dont les philosophes parlent sans cesse sans jamais la pratiquer, à moins qu'elle ne soit utile à leurs projets.

Ce qui étonna le plus dans cet écrit du duc d'Orléans, que l'on croit cependant qu'il n'avait pas composé, et dont même on nomme l'auteur, ce fut le vœu de la loi du divorce. Comment pardonner à ce prince d'avoir prononcé le premier le nom d'une institution qui a entraîné tant de malheurs ! loi subversive de toute moralité, et qui, j'en suis sûre, attirera l'attention de nos législateurs, sinon pour l'abroger, au moins pour la restreindre tellement, qu'elle ne puisse avoir d'effet que dans des circonstances infiniment rares, ou seulement dans celles que le plus grand des législateurs excepte, lorsqu'il parle de cette loi, la seule de celles qui tiennent à l'ordre civil, dont il se soit occupé. M. le duc d'Orléans, comme l'observe un auteur qui a traité dans le plus grand détail tout ce qui tient à l'histoire de ces temps de crimes et de malheurs, M. le duc d'Orléans, dit-il, en parlant de la loi du divorce, dans un état qui ne connaissait alors d'autre religion que la catholique, annonçait assez que le projet de son parti était de la détruire : aussi se ménageait-il par cela seul l'appui des protestans qui avaient à se venger de la révocation de l'édit de Nantes, des dragonades, et des vexations partielles qu'ils souffraient depuis plusieurs siècles, mais dont, on est forcé d'en convenir, il était difficile de laisser propager les principes dans un état monarchique. Ceux qui étaient indifférens aux matières de religion, et à cet instant c'était le plus grand nombre, furent choqués d'entendre parler divorce à l'homme de France qui devait le moins y penser ; et ne devait-il pas se trouver heureux que les nœuds qui l'attachaient à la plus vertueuse, la plus indulgente, la plus aimable des femmes, fussent indissolubles? Mais non, il était donné à cet homme inconcevable, de demander des lois pour se priver de tous les avantages que la fortune s'était plu à répandre sur lui ; et, cependant, on ne peut douter qu'il n'eût une extrême ambition, mais la haine et la vengeance avaient encore plus d'empire dans son âme aveuglée par les passions. Il se laissait gouverner par les meneurs, et il ne s'apercevait pas qu'en lui montrant le but où il voulait arriver, ils le forçaient à détruire lui-même les degrés qui auraient pu l'y conduire.

Madame de Lamballe, effrayée plus que jamais des dangers que courait la famille royale, si elle avait à compter au rang de ses ennemis un homme aussi puissant que son beau-frère, crut qu'elle devait tout employer pour le réconcilier avec la reine, qu'elle savait qu'il haïssait bien plus que le roi; et malgré son éloignement pour tout ce qui tenait aux intrigues politiques, son attachement l'emporta sur son goût; et ayant consulté M. le duc de Penthièvre et madame d'Orléans, il fut convenu que les deux princesses négocieraient un accommodement; que madame de Lamballe parlerait à la reine, et que madame d'Orléans rendrait à son époux les propositions qui seraient faites. On avait d'autant plus d'espérance qu'elle réussirait à le persuader, qu'il avait toujours pour elle des égards, et lui donnait même des témoignages apparens d'attachement, dont on dit que bientôt il se lassa.

Madame de Lamballe partit donc pour Versailles, et demanda à la reine un entretien particulier. Malgré le refroidissement qui s'était opéré depuis plusieurs années entre la reine et madame de Lamballe, sa majesté ne pouvait ignorer qu'elle n'avait jamais eu d'amie plus sincère. Elle ne douta donc point que ce qu'elle avait à lui dire ne fût d'une grande importance, et elle l'écouta avec une extrême attention.

Je ne vous parlerai point, madame, dit madame de Lamballe, du temps où le cœur de votre majesté répondait, par ses plus tendres bontés, à l'attachement sans bornes que je vous avais voué. Une autre a su, par le poison de l'adulation, affaiblir l'amitié que je vous avais inspirée : long-temps j'en ai ressenti une profonde douleur; mais trop fière pour me plaindre, j'ai mieux aimé m'éloigner que de m'abaisser aux intrigues qui eussent pu renverser une cabale peu puissante, au moment où elle a éclaté. Mon projet avait été de ne jamais vous en entretenir, et de vous paraître, madame, aussi indifférente que vous l'étiez devenue pour moi; mais ce plan, qui convenait à la dignité de mon caractère, quoiqu'il coûtât à mon cœur, je l'avais formé quand tout semblait concourir à votre gloire et à votre bonheur : mais aujourhui que vous êtes entourée de piéges, que votre puissance, c'est-à-dire celle du roi, est ébranlée, que de grands malheurs peuvent fondre sur votre tête, votre danger réveille la vive amitié que j'ai toujours eue pour vous : que dis-je ! elle a toujours été la même ; mais les maux qui vous menacent m'autorisent à vous la témoigner ; et je ne regarde plus si la reine a mal récompensé mon zèle, c'est mon amie qui est sur le penchant de l'abîme, et j'accours pour l'en retirer, s'il est possible, ou pour périr avec elle.

- La reine, qui avait d'abord été assez étonnée, je dirai plus, embarrassée du commencement du discours de madame de Lamballe, était pénétrée jusqu'aux larmes de la fin ; et se jetant dans les bras de son ancienne amie, elle la serra contre son sein, et lui dit : Femme charmante, et dont le cœur mériterait des autels s'il était mieux connu, que je suis touchée du tendre intérêt que vous me témoignez ! Je ne le dissimule pas, j'éprouvé les plus vives alarmes, et je suis bien loin de partager la sécurité du roi. Je ne vois pas, sans frémir, l'ouverture des états-généraux ; et je ne pense point que lorsqu'ils se seront emparés de la puissance, ils la rendent au roi, aussi étendue qu'il la possède maintenant. — Si ce n'était, reprit madame de Lamballe, qu'une diminution de puissance que vous eussiez à redouter, je n'aurais pas eu de si fortes appréhensions ; il vous en resterait toujours assez pour faire le bien, et on en a toujours trop pour faire le mal ; mais vous avez un ennemi terrible dans la personne du duc.... Et que peut-il faire ? — Il est entouré d'hommes bien dangereux qui pensent, qui écrivent pour lui, qui agiront pour lui, s'il est nécessaire ; et ces hommes, je ne cite que Mirabeau, ont la plupart du génie, de l'éloquence, de l'audace, et il n'est pas douteux qu'ils le meneront bien plus loin qu'il ne veut aller. Son nom, son rang, ses richesses, leur sont utiles ; ils le bercent de chimères brillantes, ils échauffent sa haine contre vous, et je crois qu'il serait très-important de le détacher de ce parti qui menace la France des plus grands malheurs. — Mais quels moyens employer ? interrompit la reine. — De flatter l'ambition du duc; de chercher dans son cœur le sentiment le plus puissant qui y règne, son amour pour ses enfans. Je n'ignore pas que le projet du roi a toujours été de marier Madame à M. le duc d'Angoulême, et d'unir ainsi deux enfans qui lui sont chers ; mais ce n'est point dans le rang suprême qu'on peut se livrer aux doux sentimens de la nature; un roi ne peut connaître que ce qui est utile à sa gloire, ce qui tient à l'affermissement de sa puissance. Je crois donc qu'il serait nécessaire de renoncer à un projet formé dans des temps plus heureux, et de faire pressentir au duc d'Orléans, qu'il serait possible, s'il renonçait à ses projets, de marier M. le duc d'Angoulême avec sa fille. — Le roi n'y consentira jamais, reprit la reine ; il se fait un si grand plaisir d'unir Madame à son neveu. — Vous lui ferez vouloir, madame, en lui peignant les maux que le mariage que je propose, éloignera de la France, en lui peignant les horreurs d'une guerre civile qui est certaine, si M. le duc.... sépare entièrement ses intérêts de ceux de la cour. Vous savez combien le roi aime le peuple; s'il voit qu'il ne pourra pas le rendre heureux tant que les factions déchireront la France, soyez certaine que vous le ramènerez à cet avis.

Quant à M. le comte d'Artois, il vous est sincèrement dévoué ; ainsi, il vous sera facile de le faire entrer dans vos vues : mais ce n'est pas assez d'avoir la fille du duc pour ôtage de sa réunion à la famille royale, il faut l'enchaîner encore par une alliance brillante avec une tête couronnée, dont les principes de religion et d'autorité royale soient encore plus prononcés que ceux de cette cour, afin qu'il soit bien prouvé aux yeux de ses amis les républicains, qu'il tient encore au vieil homme, et qu'ils n'ont pu que lui apprendre les mots de leur philosophie, sans en faire passer les principes dans son cœur. — Et quelle serait donc cette alliance ? demanda la reine. — Une que votre majesté pourrait bien aussi lui ménager, puisque c'est une de ses nièces dont il s'agit, l'infante de Naples pour son fils, le duc de Chartres. — Vous avez raison, mon amie, cela serait très-possible. — Vous pensez bien que si on réussissait à faire ces deux mariages, comme je n'en doute pas, quand même il voudrait rester l'âme du parti, ils auraient une telle méfiance de lui, qu'il ne pourrait plus y avoir la moindre influence ; et les désagrémens qu'il éprouverait, le rejeteraient bientôt dans le nôtre. D'ailleurs, je le répète, il chérit ses enfans ; et la reconnaissance qu'il vous aurait, madame, de ces brillantes alliances, effacerait, dans son esprit, les sujets de haine que son exil, et surtout la perte de ses espérances pour la charge de grand-amiral, lui ont donné, en voyant cette charge que le roi destine à M. le duc d'Angoulême, occupée par l'époux de sa fille, il se consolerait de n'en avoir pas été revêtu.

La reine convint de la justesse des idées de la princesse et de l'utilité de ce plan, et il fut décidé qu'elle mettrait tout en œuvre pour le faire réussir. Mais, pour ne point compromettre sa majesté, il fut convenu aussi que la duchesse d'Orléans n'en parlerait d'abord à son mari que comme d'une idée qu'elle avait eue pour opérer une réunion qu'elle désirait si vivement, et qu'elle tâcherait d'y faire consentir la reine, s'il l'agréait, et s'il était décidé, en cas qu'on l'acceptât, de renoncer à ses projets. De cette manière, on sondera ses dispositions, et vous ne paraîtrez, madame, que vous rendre à ses désirs, lorsqu'il remplira les vôtres. D'ailleurs, n'employant aucun agent étranger, nous serons sûres du secret, qui est bien essentiel; car je ne doute pas que les meneurs, s'ils en étaient instruits, ne fissent l'impossible pour l'en détourner. — Tout fut convenu de la sorte; et madame de Lamballe, après avoir reçu de la reine mille témoignages de reconnaissance et d'amitié, revint à Paris, où le duc de Penthièvre, et surtout madame d'Orléans, l'attendaient avec la plus vive impatience.

Elle leur raconta, dans le plus grand détail, tout ce qui s'était passé entre elle et la reine, et ils conçurent les plus grandes espérances. Il est bien certain que, si ce projet eût réussi, il eût épargné des flots de sang. Madame d'Orléans, qui en désirait l'exécution, ne tarda pas à en faire part à son époux, qu'elle trouva disposé à s'y prêter bien plus qu'elle ne l'avait imaginé. Surtout l'alliance avec le roi de Naples le flattait infiniment; et, comme au milieu de son prétendu patriotisme, il ne rêvait que couronne pour lui et pour ses enfans; il voyait, par un mariage avec la branche de Bourbon régnante à Madrid et à Naples, la possibilité qu'un jour un de ces deux trônes venant à vaquer, les femmes n'étant pas comme en France exclues du droit à la couronne, ses petits-fils régnassent ou en Espagne ou en Italie. Tel était cet homme qui parlait des grandeurs avec tant de mépris !

La chose qui l'inquiétait le plus, c'est qu'il redoutait un refus, et qu'on ne le sût dans le public, disait-il ; mais, dans le vrai, ce qu'il craignait, c'était que ses amis de Passy ne fussent informés qu'il entrait en négociation avec la cour. Madame la duchesse le rassura sur ce dernier article, en lui jurant que personne au monde n'en serait instruit, et qu'elle se chargeait seule d'en parler à la reine. Elle se garda bien de nommer madame de Lamballe; elle savait qu'ils ne s'aimaient pas, sans en pénétrer la cause. Madame d'Orléans lui demanda si elle pouvait assurer la reine qu'il soutiendrait les prérogatives du monarque. Il le lui promit, et il est à présumer qu'il aurait tenu parole, si cette négociation eût réussi. Madame la duchesse d'Orléans instruisit madame de Lamballe du succès qu'elle avait eu, et abandonna entièrement à sa belle-sœur le soin de cette affaire, dont les suites étaient si importantes pour la famille royale.

Madame de Lamballe retourna à Versailles, et eut encore une conférence avec la reine, qui lui dit qu'elle pouvait compter sur le consentement de monsieur le comte d'Artois; que le roi n'était pas encore parfaitement décidé, mais que cependant on pouvait aller en avant, parce qu'elle était sûre que sa majesté ne refuserait pas cette alliance, quand il pourrait avoir la certitude que son cousin se séparerait du tiers-état. On dressa donc les articles, dont le premier fut que le prince donnerait à sa fille, qui n'avait que douze ans, quatre cent mille livres de rente en la mariant, dont elle jouirait tant qu'elle resterait à Belle-Chasse, où elle devait demeurer jusqu'à ce qu'elle eût atteint sa quinzième année; et lorsqu'elle serait réunie à son mari, monsieur d'Orléans devait ajouter aux revenus de madame la duchesse d'Angoulême, six cent mille livres.

Qui n'aurait pas cru, en voyant M. le duc d'Orléans stipuler la dot et prendre de tels engagemens, qu'il ne changerait rien à un traité qui aurait dû le mettre au comble de ses vœux ? Cependant il n'eut aucune suite, soit que le roi ne vît qu'avec peine une union qui le forçait à renoncer au mariage qu'il projetait depuis la naissance de sa fille, soit, comme le pense un auteur qui paraît assez instruit, que le duc d'Orléans changeât d'avis, soit enfin que les meneurs eussent eu quelques soupçons d'un arrangement qui leur enlevait ce prince dont la fortune leur était si nécessaire. Cette négociation fut abandonnée, et le prince, loin d'être touché des marques de bonté qu'il avait reçues, n'en parut que plus acharné dans ses projets de vengeance.

Les princes du sang adressèrent au roi leurs vœux pour qu'il ne changeât rien à l'ancien usage de la convocation des états : dans cet écrit, qu'ils signèrent tous, on faisait sentir de la manière la plus forte les dangers de la double représentation du tiers, qui, par cet arrangement, devait nécessairement avoir toujours la majorité des voix. On pressentait les maux qui en résulteraient; mais en vain on chercha à détourner l'orage qui menaçait la France; rien ne put nous en sauver.

Le roi n'accueillit point la demande des princes, et persista dans son opinion, qu'il croyait être la plus utile au bonheur de la France.

Cependant on faisait répandre les pamphlets les plus injurieux contre la reine; quelques-uns étaient écrits du ton des halles. Mais il parut vers ce temps un ouvrage intitulé : *Galerie des dames françaises*, dont je ne connais que le portrait allégorique de madame de Lamballe. J'en citerai quelques traits, qui servent à prouver d'une manière indubitable ce que j'ai dit des vertus et des grâces de cette princesse, puisque cette allégorie, pleine d'esprit, mais qui ne peut avoir été écrite que par un de ses ennemis, rend à ces qualités, qui lui avaient assuré l'estime et l'attachement de tous ceux qui l'ont connue, le même hommage que ses amis auraient pu leur rendre.

BALZAIS,

PORTRAIT ALLÉGORIQUE.

Balzaïs eut le bonheur d'intéresser presqu'avant d'être connue : veuve d'un prince qui à peine avait été son mari, sa beauté, sa douceur, sa soumission aux évènemens, lui donnèrent pour partisans tous ceux qui ne pardonnent point l'irrégularité des mœurs ; le compagnon de ses destinées avait tant soit peu abusé de son rang et de sa fortune. Balzaïs se couvrit de crêpe, et, aussi belle qu'affligée, elle se trouva portée dans le pays des consolations.

. . . .
. . . .

Revenue du séjour des illusions, elle s'aperçut qu'on avait cru compenser le charme de la confiance par des honneurs stériles, et ferma son cœur à toutes les espérances dont elle s'était bercée. Il fallut devoir à elle-même son bonheur futur, organiser son existence sociale sur un autre plan, et rappeler les plaisirs qui auparavant s'empressaient de venir au-devant d'elle.

. . . .
. . . .

Pendant l'orage des révolutions, Balzaïs a doublé sa sévérité et sa retraite, sans regretter l'ancien régime et rien redouter du nouveau : quand il en serait ainsi, il faudrait encore faire le bien, et d'ailleurs on peut espérer l'aurore d'un si beau jour !

Une qualité à laquelle nous nous empressons de rendre hommage, c'est sa bienfaisance : quiconque la sollicite chez Balzaïs, s'en retourne consolé. Ce don du ciel est sans doute toujours précieux aux mortels ; mais combien l'est-il plus dans un moment où la terre paraît délaissée de la Providence, et voit son sein déchiré de toutes parts par les discordes civiles !

. . . .
. . . .

Le roi avait fixé au 27 avril l'ouverture des états-généraux ; mais la totalité des membres ne se trouvant pas réunie, elle fut prorogée au 4 mai suivant, et la faction se servit de ce délai pour essayer un premier massacre ; et comme la vengeance était l'âme de toutes les actions de leurs chefs, on leur proposa de l'exercer contre Réveillon et Henriot, qui n'est pas celui qui depuis fut commandant de Paris sous Roberspierre. Ces deux honnêtes citoyens avaient refusé de se prêter au projet que ces hommes avaient formé de faire soulever le faubourg Saint-Antoine. C'était assez pour mériter leur colère. Il fut donc convenu que l'on dirigerait contre leurs maisons des hommes payés pour commettre le crime, hommes dont l'existence n'a été connue en France qu'à l'époque de la révolution, et qui a toujours paru un problème. Je me suis trouvée à Paris dans plusieurs des mouvemens populaires qui l'ont épouvanté depuis treize ans, et j'y ai toujours vu ces mêmes figures qui n'avaient rien de commun avec le reste des habitans de Paris ; ils semblaient sortir des entrailles de la terre, au moment où les meneurs avaient quelques coups importans à frapper, et y rentrer aussitôt sans qu'on pût savoir ce qu'ils devenaient. Ils étaient pâles, livides, le regard farouche, couverts des livrées de la misère, et tout annonçait en eux l'intempérance satisfaite. Ils portaient des bâtons courts et noueux, et avaient plus d'argent que n'en ont ordinairement des hommes de leur sorte; leur voix était rauque, et ils ne proféraient pas un mot qu'il ne fût accompagné de juremens affreux. Ces hommes, lorsqu'ils paraissaient dans les rues, entraînaient avec eux tous ceux qu'ils rencontraient, et les forçaient, soit par promesses ou par menaces, à les suivre. Tels ont été les bandits qui parurent, pour la première fois, au pillage de la maison de Réveillon ; tels ont été ceux de toutes les scènes sanglantes de la révolution.

Dès le 27, entre trois et quatre heures, ils avaient promené un mannequin qu'ils appelaient Réveillon, et l'avaient pendu en place de Grève. Effrayé de ces clameurs, Réveillon, qui était député du tiers-état, demande qu'on lui donne les moyens de se garantir du pillage qu'il redoute, avec d'autant plus de raison, qu'une manufacture de papier est bientôt anéantie. On lui donne une garde, on barricade la rue de Montreuil, où sa maison était située, et l'on place à cette barrière des soldats pour que l'on ne puisse pas la forcer : en effet, ces scélérats s'y présentent en vain, il est impossible d'y pénétrer, et Réveillon et sa famille sont tranquilles chez eux. M. le duc d'Orléans se rend à Vincennes, où il y avait une course de chevaux. Il engage madame d'Orléans à y venir, et le soir il la ramène par la rue de Montreuil. Les gardes, par respect pour elle, ouvrent la barrière, et la foule profite de l'instant où la voiture entre pour se précipiter en même temps, et se porte en furie dans la maison de Réveillon. Ces malheureux brisent tout, jettent par les fenêtres les meubles, qu'ils brûlent à mesure. On envoie des troupes, qui croient d'abord que leurs armes en imposeront à cette multitude qui n'a que des bâtons ; mais les soldats sont assaillis d'une grêle d'ardoises, de pièces de bois, que ces furieux leur lancent de dessus les toits : enfin, las d'opposer la patience à l'audace, après leur avoir vingt fois ordonné de se retirer, les troupes font une décharge générale, qui offre à l'instant le spectacle le plus déchirant : le pavé est jonché de morts et de mourans.

Les cris, les menaces cessent : il se fait le plus grand silence, et on ne voit plus un brigand de ceux qui sont enfermés dans la maison. Les soldats, qui craignent avec raison une surprise, enfoncent les portes de cette maison, où ceux de ces malheureux, qui n'étaient pas tombés sous les coups de la mousqueterie, se tenaient enfermés. Là s'établit aussitôt le combat le plus opiniâtre et le plus étrange entre des hommes armés de fusils et de baïonnettes et des scélérats sans armes. Ils se défendent pied à pied, ils se battent corps à corps avec un courage digne d'une meilleure cause. Il n'appartient qu'à des Français de conserver dans le dernier degré de l'avilissement, cette vertu qui caractérise notre nation. Ce ne fut qu'avec des peines incroyables qu'on parvint à en faire un assez grand nombre de prisonniers pour pouvoir s'emparer de la maison qui leur servait de repaire, et contre laquelle ils avaient exercé leur fureur pour en ruiner le propriétaire.

Celle de Henriot fut aussi maltraitée. On interrogea ceux qui survécurent à leurs blessures. Aucun ne voulut nommer ses complices, et tous moururent avec beaucoup de fermeté, sans révéler l'auteur du complot. Il existait donc encore quelques sentimens de délicatesse dans l'âme de ces hommes qui leur faisaient sentir l'horreur de la délation, tandis qu'il n'y en avait plus aucune trace au fond des cœurs de leurs lâches instigateurs, qui eurent la scélératesse de faire courir le bruit que c'était la cour qui avait soulevé ces mutins. On ne sait ce qui doit le plus surprendre, ou de l'audace de cette accusation, ou de l'imbécille crédulité de ceux qui y ajoutèrent foi.

Enfin, le 4 mai 1789, veille de l'ouverture des états, tous les ordres se réunirent à Versailles, où il y eut une procession solennelle. La princesse de Lamballe se rendit, vers les dix heures du matin, dans l'église paroissiale de Notre-Dame de Versailles, avec les autres princesses du sang, pour y recevoir la reine.

Après y avoir entendu l'hymne *Veni Creator* chanté par la musique du roi, la procession se mit en marche pour se rendre à l'église Saint-Louis. Le clergé des deux paroisses, précédé des Récollets, seul corps de religieux qui fût à Versailles, ouvrait la marche; la compagnie des gardes de la prévôté venait ensuite, ayant le grand-prévôt à sa tête, puis le tiers-état marchant en file sur deux lignes parallèles; la noblesse suivait le tiers-état, et l'ordre de l'église celui de la noblesse ; la musique du roi sépara les évêques et le clergé du second ordre : les cent-suisses, précédés de leurs officiers et un détachement considérable des gardes-du-corps du roi, marchaient à droite et à gauche des députés et de la cour : les régimens des gardes-françaises et suisses bordaient les rues où la procession passa.

Le saint-sacrement était porté par l'archevêque de Paris, le dais par les grands-officiers et les gentilshommes d'honneur des princes frères du roi, qui se relevaient successivement ; les cordons du dais étaient tenus par Monsieur, M. le comte d'Artois, les ducs d'Angoulême et de Berry (1) : le roi marchait

---

(1) Ces quatre princes, plus heureux que le reste de cette auguste famille, après avoir été battus des orages révolutionnaires, ont enfin été rendus à la France, qui ne peut espérer de repos qu'en observant la fidélité qu'elle a jurée de nouveau au sang de ses rois.

immédiatement après les princes du sang; les ducs et pairs et autres seigneurs étaient à droite à la suite du roi : la reine était à la gauche de sa majesté; elle était suivie par Madame, madame Elisabeth, mesdames Adélaïde et Victoire, la duchesse d'Orléans, la princesse de Lamballe, la princesse de Chimai, dame d'honneur de la reine, et la comtesse d'Ossun, dame d'atours : les autres princes et princesses du sang étaient absens ou indisposés. Toutes les personnes formant cette procession portaient un cierge : parvenus à l'église Saint-Louis, les trois ordres y entendirent la messe et le sermon prononcé par l'évêque de Nancy.

Ce fut dans cette cérémonie, qui aurait dû être si touchante, si tous les cœurs eussent été pénétrés de cette douce union que commande à chaque page dans son livre divin celui dont on honorait les autels par ce culte public, qu'éclatèrent les premiers signes de discorde entre les enfans de saint Louis. Les auteurs qui ont rendu compte des évènemens qui se sont succédés dans des temps malheureux, blâment M. le duc d'Orléans d'avoir pris rang parmi les députés.

J'avoue que je ne suis pas de leur avis. Ce n'est pas lorsqu'il marquait le respect qu'il portait au titre de représentant d'un grand peuple que je le trouve coupable ; je crois, au contraire, qu'il aurait eu tort d'en agir autrement : mais ce qu'on ne peut lui pardonner, c'est de n'avoir ambitionné cette place que pour montrer son animosité à son parent, qui put, dès ce jour, en pressentir les effets. En vain Louis était encore environné de toute la pompe du trône ; déjà les humiliations dont il devait être abreuvé se faisaient sentir à lui et à sa famille.

Ces hommes dont nous avons déjà parlé furent payés pour couvrir d'applaudissemens le tiers, dont il attendait tout, et insulter au roi par les cris cent fois répétés de *vive le duc d'Orléans !* tandis que le silence le plus morne régna dès que l'on vit défiler le clergé et la noblesse : silence qui ne fut point interrompu par la présence du roi et de sa famille, si accoutumée depuis tant d'années à être l'objet du culte presqu'idolâtre des Français ; et quand on pense que le moyen employé par les monstres qui avaient médité le renversement du trône pour enlever au roi le cœur de son peuple, fut celui de la famine, dont ils étaient seuls cause, on frémit; on ne peut concevoir comment il est des hommes assez barbares pour faire souffrir des millions d'individus, afin d'assouvir leur vengeance sur un seul. Ah! nous ne pouvons pas malheureusement douter, d'après les évènemens qui se sont succédés, que les âmes de ces êtres pervers n'animent encore leurs anciens partisans. Que leur importe d'entasser victime sur victime, pourvu qu'ils puissent arriver à leur but infernal, de se soustraire à toute autorité pour se livrer sans crainte à la soif du crime qui les consume et les dévore!

Madame de Lamballe, qui avait, comme je l'ai dit, accompagné la reine à la procession, rentra avec elle au château, et voyant que l'âme de sa majesté était oppressée, elle crut ne devoir pas se retirer avec le gros de la cour. Dès qu'il n'y eut plus dans la chambre de la reine que le service intérieur, elle appela madame de Lamballe, qu'elle fit asseoir sur un pliant à côté de son fauteuil; et lui prenant affectueusement la main : Vous voyez, mon amie, comme ils nous ont traités, et avec quelle satisfaction le duc d'Orléans jouit de la faveur du peuple. Qui m'aurait dit, il y a dix ans, que ce mot me serait seulement venu à la pensée ? Mais il faut se créer une nouvelle langue, quand tout change autour de nous. — Il faut espérer, madame, reprit la princesse, que cette première effervescence passera. Le Français est avide de nouveautés ; des états lui paraissent un spectacle étranger. Pensez qu'il n'est aucun homme dont le père même ait entendu dire au sien qu'il ait assisté à l'ouverture d'une pareille assemblée. — Mais, reprit la reine, cet enthousiasme pour un objet nouveau n'est-il donc que pour le tiers-états ? Et un roi, appelant auprès de lui les députés du clergé et de la noblesse pour s'occuper essentiellement du bonheur du peuple, ne mérite-t-il pas autant ces applaudissemens que ce tiers dont il devait moins attendre ? Car, enfin, ce n'est que des sacrifices que les deux premiers ordres feront, qu'ils doivent espérer un adoucissement à leurs maux ; et cependant, avec quelle indifférence nous ont-ils vus, tandis que tous les cœurs volaient au-devant de ces hommes qu'ils auraient vus naguères avec la plus parfaite indifférence ? — Et à qui ils rendront un jour la justice qu'ils méritent. — Peut-être trop tard, ma chère Lamballe. Je ne sais, mais j'éprouve les pressentimens les plus douloureux. Vous êtes bien heureuse, vous n'êtes pas mère ! — C'était peut-être la première fois que la reine avait fait cette réflexion, elle qui jusqu'à ce moment était si fière de ses enfans. Madame de Lamballe employa toute l'éloquence de l'amitié pour rassurer la reine, et faire passer dans son âme une sécurité qu'elle était loin d'avoir ; elle avait été frappée de l'air d'arrogance de quelques hommes qu'on désignait comme chefs d'un parti qui se faisait déjà craindre. Je ne me sers pas du mot arrogance sans dessein. Une âme élevée peut jouir de ses succès avec fierté ; l'âme vile d'un scélérat n'est qu'arrogante. Elle avait été effrayée des regards qu'ils lui avaient lancés ; et sans prévoir que ces monstres la sacrifieraient un jour, elle ne put douter qu'ils ne la voyaient pas sans inquiétude se rapprocher de la reine. Ils savaient qu'elle était très-aimée, que personne ne l'accusait d'être haute ni vaine ; qu'elle avait fait toute sa vie beaucoup de bien, jamais de mal; qu'ainsi le peuple ne serait que bien difficilement égaré sur son compte, et que si la reine reprenait pour elle des sentimens d'attachement, qui éloigneraient nécessairement les Polignac, ils auraient un moyen de moins pour la perdre: ainsi sa présence à la cour les inquiétait.

Cependant, elle ne s'en trouva pas moins le lendemain 5 mai, avec la reine et les autres princesses, à l'ouverture des états-généraux. Le roi y parut sur son trône dans tout l'éclat de la majesté royale, tels que les derniers rayons d'un soleil couchant qui semble briller avec plus d'éclat au moment où il va disparaître. Le roi, plein de confiance, et qui ne supposait pas que la double représentation dût entraîner un changement dans l'usage établi de tout temps pour les états, de voter par ordre, dit à la fin du discours qu'il prononça, qu'il ordonnait aux trois ordres de se retirer dans leurs chambres respectives, pour y vérifier les pouvoirs, et il sortit. Le tiers, qui sentait que si on ne votait pas par tête, il perdrait l'avantage de la double représentation, demanda impérativement aux deux autres de se réunir à lui. On sait que le duc d'Orléans fut un des premiers à s'y rendre, ainsi que ses amis. M. de Montesquiou, cet homme si fier de son origine, qu'il faisait remonter jusqu'à Clovis, oubliant tout-à-coup l'orgueil qu'il avait montré jusqu'alors, se rangea, presque dès les premiers jours, du côté du tiers; était-ce philosophie, ou n'avait-il pas des vues plus étendues? et la plaisanterie que lui fit M. le comte de Maurepas, lorsqu'il lui remit sa fameuse généalogie, était-elle une prophétie? « Voilà, » dit-il, qui est en règle, vous descendez » des Fesenzac; mais pour Dieu, » monsieur, ne nous détrônez pas ». En parlant de M. de Montesquiou, je ne puis m'empêcher d'observer combien il y avait eu de cabales lors des élections.

M. Hocquart de Coubron, beau-frère de M. de Montesquiou, homme du plus rare mérite, et que les intrigues de la cour avaient éloigné du ministère où le roi le désirait, d'après la connaissance d'un plan de finance qui à cette époque eût sauvé l'Etat, ne put parvenir, comme sa femme me l'écrivait, à se faire nommer aux états dans deux bailliages où il avait de grandes possessions, ni à Paris où il habitait. Comment un homme dont les lumières étaient si connues de ce même M. de Montesquiou, si puissant alors auprès de d'Orléans, qui influençait toutes les élections, surtout à Paris; comment, dis-je, a-t-il été rejeté? C'est, je l'avoue, une des preuves de l'union secrète qui existait entre le duc et M. Necker, qui redoutait M. de Coubron, son antagoniste, le seul homme qui avait eu le courage de se mesurer avec lui, de démontrer l'absurdité de son *Compte rendu ;* qui s'était servi avec lui de l'arme terrible du ridicule, tort qu'on ne pardonne jamais.

Ainsi, l'homme qui eût pu rendre les plus importans services à l'État n'obtint pas les suffrages qu'il avait recherchés dans le seul désir d'être utile à sa patrie, et périt victime du tribunal révolutionnaire. Ah! que n'a-t-il pu échapper à ces assassinats juridiques! nous le verrions aujourd'hui aider de ses lumières, de ses profondes connaissances en finance, le gouvernement qui accueille le mérite et les talens, sans se souvenir des distinctions, des oppositions d'opinion qui cessent aux yeux du législateur, éclaire dès qu'on peut être utile à la patrie reconnaissante ! Combien d'autres individus furent de même exclus de l'assemblée par des haines personnelles qui auraient pu déjouer les vues perfides des conspirateurs !

Nous avons déjà dit que plus des deux tiers du clergé tenaient par leur naissance au tiers-état ; ainsi, il ne fut pas difficile de les attirer au parti de la réunion. M. le duc d'Orléans, par un superbe discours, voulut essayer de décider la noblesse à le suivre. Il avait à peine lu quelques phrases, que M. de ***, que la chaleur incommodait, dit : *qu'on ouvre les fenêtres*. Ces mots dits très-innocemment, firent éprouver une telle frayeur au duc, qui crut y voir renfermé son arrêt, qu'il s'évanouit, et trompa ainsi l'espoir de son parti, qui se flattait que la première opération des états-généraux serait de déclarer la déchéance du roi, et de nommer, pour lui succéder, le duc d'Orléans, qui aurait été demandé à grands cris par cette vile canaille qu'on osait alors nommer le peuple ; mais il fallut y renoncer.

C'est ainsi qu'il fut, pour les conjurés, un arc qui trompe souvent la main de celui qui s'en sert. Il fallut qu'ils se contentassent pour cet instant de la conquête de près de cent des membres de la noblesse, dont quarante-huit se rendirent à la chambre du tiers, qui se nommait alors les communes. Les autres restèrent pour déterminer leurs collègues ; mais ils étaient inébranlables, et il fallait un ordre du roi, qui voyait à chaque instant le parti des mécontens se grossir, et qui ne doutait point qu'une plus longue résistance de la part des nobles, ne décidât les bandits payés par les factieux à les massacrer. « Oui, disait M. le duc de Luxembourg, il est possible qu'ils se portent à ce comble d'audace ; mais en mourant, nous vous conserverons la couronne, puisque cela seul frappera de nullité les opérations de l'assemblée nationale (car les états en avaient déjà pris le nom), lorsqu'un tiers de ses membres aura été livré au fer des assassins. Les décisions ne pourront avoir force de loi ».

« M. de Luxembourg, répliqua le roi, mes réflexions sont faites, je suis décidé à tout ; je ne veux pas que pour ma cause il périsse un seul homme.

Dites donc à l'ordre de la noblesse que je le prie de se réunir aux deux autres : si ce n'est pas assez, je le lui ordonne ; comme roi, je le veux : s'il est un seul membre qui se croie lié par son mandat, son honneur, à rester dans la chambre, qu'on vienne me le dire, j'irai m'asseoir à ses côtés, et je mourrai avec lui ».

On ne résista pas davantage, et les trois ordres furent réunis. Le premier objet qui devait occuper leur sollicitude, était de faire cesser le manque de subsistances, et de trouver les moyens de réparer les fautes du dernier ministère, dont les agitateurs avaient si bien su profiter. Mais elles étaient trop utiles au parti, pour qu'il permît à ceux des membres de cette mémorable assemblée, qui n'étaient pas des leurs, de découvrir les monopoleurs, qui, en remontant d'agens en agens, auraient conduit jusqu'au chef de cette criminelle conspiration.

On proposa donc différens projets ; on délibéra, on parla beaucoup ; mais on ne fit rien, parce qu'on ne voulait rien faire. Et, comme le disait Barère de Vieusac, dans son journal du Point

Jour : *Il fallait bien prouver au peuple qu'on pensait à ses malheurs, et qu'on s'occupait de ses besoins.*

Le duc d'Orléans, parvenu au plus haut degré de popularité, et dirigeant presque toutes les opérations de l'assemblée, n'avait plus qu'à s'assurer les troupes pour être roi. Il est vrai qu'il ne pouvait se flatter d'y réussir par cette confiance que les grandes actions militaires inspirent aux soldats. Ce n'était qu'en les séduisant qu'il pouvait les attirer dans son parti : il n'épargna rien pour y réussir. Le Palais Royal devint le rendez-vous de tout ce qu'il y avait de troupes dans Paris ; et, à cette époque, la cour en avait fait arriver trop pour ne pas donner d'inquiétude, pas assez pour contenir une ville d'une population immense, et à qui on persuadait chaque jour qu'il y avait contre elle les desseins les plus barbares. Les soldats trouvaient donc au Palais-Royal tout ce qui peut séduire des hommes qui étaient condamnés, par la modicité de leur paye, à la vie la plus sobre. On leur distribuait du vin, des liqueurs ; et lorsque leur raison était égarée, les orateurs à gages les portaient sans peine à jurer tout ce qu'on voulait. C'était au café de foi où l'on recevait leurs sermens *de ne pas faire le moindre mouvement contre le peuple, quelque chose qu'il tentât, n'étant pas nés Français pour agir contre les intérêts de la France, et ne s'étant pas engagés pour défendre les traîtres à la patrie, et protéger les jours des aristocrates.*

C'est ainsi qu'on paralysait la force que les troupes auraient donnée au roi pour arrêter les projets du duc. Ce fut vers ce temps-là qu'il fut porté à la présidence de l'assemblée nationale ; ce qui parut aux royalistes une preuve qu'il tendait à la première place du royaume, comme il avait obtenu la première de l'assemblée. Le parti sentit qu'il l'avait mis trop tôt en évidence, et il le força de refuser l'honneur qu'on avait voulu lui faire. Cependant le roi, qui s'indignait de la longueur des opérations de l'assemblée pour le soulagement du peuple, objet continuel de sa sollicitude, et ne voyant opérer nulle amélioration dans les subsistances, se décida à chercher lui-même des remèdes à cette source de maux qui menaçaient d'inonder la France. Il fit venir à Marly ceux qu'il croyait les plus instruits dans cette grande et importante affaire, Foulon, Flesselles, Bertier, le président d'Aligre, Lefevre d'Amecourt, et Pinet lui-même, qui avait été chargé des opérations du duc d'Orléans, à qui celui-ci devait beaucoup d'argent. Le baron de Breteuil se trouva à ces audiences secrètes, qui n'avaient pour but que le soulagement du peuple, et que l'on interpréta d'une manière si funeste. Les chefs du parti désorganisateur, instruits par leurs agens de l'intention où la cour paraissait être de se soustraire aux dangers qui la menaçaient, en éclairant leurs manœuvres sur les grains, résolurent de perdre tous ceux qui avaient été des conférences de Marly. Ils firent publier des listes de proscription contre eux. Je n'entrerai pas dans les détails de tout ce que produisit ce choc de passions funestes; qu'il me suffise de représenter le roi implorant la pitié de tout ce qui l'environne, pour ce peuple que l'on condamne aux horreurs de la disette; flottant entre les différentes opinions; tantôt se confiant à Necker et au parti prétendu populaire, tantôt écoutant les anciens conseillers du pouvoir monarchique, pour trouver en eux la force de s'opposer aux menées des anarchistes; voulant toujours le bien, mais ne trouvant pas toujours en lui-même le moyen de l'opérer, parce que, de tous côtés, on entravait la marche que son cœur l'aurait porté à suivre; essayant des coups d'autorité qu'il n'avait plus les moyens de soutenir; n'ayant ni argent, ni troupes, ni subsistances pour le peuple, qui lui en demandait à grands cris.

Enfin, persuadé que les factions déchireraient toujours une assemblée dont les premiers momens avaient été éclairés par les flambeaux de la discorde, il se détermina à se rendre auprès des représentans du peuple, et à faire cette célèbre déclaration du 23 juin, qui renfermait des vues infiniment sages, mais qu'il s'était mis dans l'impuissance de faire adopter, en convoquant les états-généraux qui suspendaient de droit l'exercice de la royauté. Avec une armée à ses ordres, et un grand courage, il aurait dissous l'assemblée; mais, je le répète, il n'avait plus de troupes : et s'il était capable, comme on l'a vu dans différentes circonstances, d'affronter un péril qui ne menaçait que lui, cependant il avait une si grande horreur pour voir couler le sang, qu'il lui était impossible d'agir avec vigueur, quand même il en aurait eu les moyens.

L'assemblée entendit avec le plus grand silence les intentions du roi; mais, lorsqu'elle reçut ordre de se séparer, le tiers-état se retira au Jeu de paulme, où il continua ses délibérations, ayant l'infortuné Bailly pour président. Cet homme, un de nos savans les plus distingués, fut, pour son malheur, tiré de ses hautes contemplations pour être jeté dans les orages révolutionnaires, où il périt de la manière la plus cruelle.—Ce fut alors, comme dit Sabathier, que la conduite des représentans, rehaussée d'un peu de persécution, imprima le plus profond respect au peuple, qui ne vit en eux que les martyrs de ses droits.

Cependant le roi, qui ne pouvait douter que M. Necker abusait de sa confiance, lui fit signifier l'ordre de se retirer. On ne peut s'empêcher de dire que ce ministre, qui savait à quel point il était aimé, mit une extrême prudence dans sa retraite. Il sortit seul avec sa femme; personne, pas même sa fille, la baronne de Staël, ne savait qu'il était disgracié; et il n'est pas douteux qu'à ce moment, s'il eût dit un seul mot, cent mille hommes eussent été là pour l'empêcher de partir. Dira-t-on qu'il était bien sûr que le peuple forcerait le roi à le rappeler, et qu'il voulait avoir le mérite de la plus grande modération et les honneurs du triomphe ? Et pourquoi ne pas croire à un sentiment vertueux ? les hommes, par leurs actions, ne nous donnent-ils pas assez de sujet de les mépriser, sans vouloir sonder dans leurs cœurs pour y trouver le vice caché sous l'apparence de la vertu ?

Le roi nomma M. Foulon pour le remplacer, et tous les ministres furent changés; M. le baron de Breteuil fut nommé premier ministre. Rien ne fut comparable à l'espoir que les conjurés conçurent de ces changemens, qui leur donnèrent de nouveaux moyens d'appuyer leur calomnie contre la cour. On vous ôte, faisaient-ils crier à la multitude, le seul ministre qui pouvait aimer le peuple, pour vous livrer à l'homme le plus despote. Vous êtes perdu : Foulon reste contrôleur-général. Et le Breteuil, avez-vous oublié que c'est lui qui a signifié l'ordre d'exil de M. le duc d'Or-léans, de votre père, de votre appui, le seul des princes qui se soit montré le défenseur du tiers-état? Vous êtes perdu, criait-on, si vous ne soutenez pas l'assemblée ; en elle réside toute votre espérance.

La fermentation était générale à Paris. Malheureusement la plus grande partie de cette population, ayant peu à perdre, croyait trouver son avantage dans un changement de choses ; elle accueillait avec transport toutes les motions incendiaires qu'on faisait répandre dans tous les quartiers, et les meneurs avaient si bien disposé les esprits, qu'ils étaient sûrs de la capitale : mais ce n'était pas assez ; il fallait donner une grande secousse dans toute la France, apprendre au peuple des campagnes qu'il pouvait être attaqué, surpris au moment qu'il s'y attendrait le moins ; le forcer de s'armer, bien sûr que l'on saurait alors tourner ses armes contre ceux que l'on aurait intérêt de détruire. Mais qui pourra produire cet effet au même instant? On assure que ce fut Mirabeau qui trouva le seul moyen d'y réussir. On fit partir des hommes qui, de proche en proche, eurent ordre de dire qu'ils venaient de rencontrer une armée de brigands, qui massacraient, pillaient, brûlaient tous les lieux par où ils passaient. Que cette invention, que l'on croirait appartenir à ces productions mensongères, fruit de l'imagination, ait été tentée par des hommes qui voulaient à tout prix arriver à leur but, on peut encore le croire; mais ce que la postérité ne pourra se persuader, c'est qu'on ait cru si parfaitement cette fable dans toute la France, qu'il n'y eût si petite ville ou bourgade qui n'ait vu ces fantastiques brigands. Je n'ai pas oublié cette nuit là.

J'étais alors retirée dans une petite ville à vingt lieues de Paris; mon maréchal, qui arrivait de la ville voisine, entre tandis que j'étais à souper avec ma famille. Ah! mon Dieu, dit-il, nous sommes perdus; les brigands vont venir, je les ai vus, ils sont au moins deux mille; d'ici à une demi-heure ils seront ici, à moins qu'ils ne s'arrêtent dans le bois D**, qui n'était qu'à un quart de lieue de mon habitation.

Pendant qu'on m'apprenait cette étrange nouvelle, elle se répandait dans toutes les maisons. On se rend en foule à l'hôtel-de-ville. On sonne le tocsin, et tous les villages qui avoisinent en font autant. Il faisait une pluie affreuse, on ne distinguait rien; mais on courait, on criait : les hommes s'armaient de tout ce qu'ils trouvaient sous leurs mains; les femmes, les enfans pleuraient. Le juge, le maire, les échevins ordonnent que toutes les maisons seront éclairées : on ne parle rien moins que de dépaver les rues; on attend une heure, deux heures, rien ne paraît. Tous les hommes en état de porter les armes sortent de la ville, vont battre les bois qui l'environnent, et ne trouvent rien. On passe la nuit dans les plus vives alarmes. Si ce fait n'avait eu lieu que dans ce canton, rien de plus simple, une terreur panique peut s'emparer d'une bourgade; mais ce que nous éprouvions, toute la France l'éprouva à la même heure. Partout des brigands annoncés; partout le récit des atrocités qu'ils avaient commises; partout on les avait vus coupant les blés, brûlant des granges, et égorgeant les femmes et les enfans, et cependant il n'en existait nulle part.

Le lendemain, on était un peu honteux des frayeurs de la veille; et quand on voulut savoir qui avait répandu ces fausses alarmes, tous nièrent avoir dit qu'ils avaient vu, et soutinrent qu'on leur avait dit : mais le but des hommes qui voulaient que la France s'armât, fut rempli ; car, depuis ce moment, les gardes bourgeoises s'organisèrent, et furent remplacées par la garde nationale.

Madame de Lamballe était à Passy, chez M. le duc de Penthièvre. Ainsi, à portée de Versailles, elle pouvait d'un instant à l'autre se rendre auprès de la reine ; elle la vit très-souvent en particulier pendant ces terribles orages. J'espère, lui disait sa majesté, que, malgré les complots de nos ennemis, le roi reprendra son autorité ; les nouveaux ministres ont beaucoup de fermeté, ils en imposeront. — Je crains bien, madame, lui répondait madame de Lamballe, que ce ne soit trop tard ; il faudrait être en force pour empêcher les attroupemens de Paris : c'est de là que partiront tous les maux que je redoute pour vous. —. Les troupes refusent d'obéir. Vous avez su qu'ils ont enlevé de force onze soldats détenus à l'Abbaye pour vol : on a prétendu qu'ils étaient victimes de leur amour pour le peuple, et cela a suffi pour que l'on brisât les portes de la prison. Ils les ont amenés en triomphe au Palais-Royal, où ils ont été fêtés, accueillis comme les héros du tiers-état. Il a fallu composer pour terminer cette ridicule affaire. Ils ont été remis en prison, à condition qu'ils en sortiront et quitteront leur corps avec des cartouches honorables. Quel exemple n'est-ce pas pour les autres ! Mais c'est du pain qu'il faut au peuple, et Pinet se fait fort d'en donner d'ici à très-peu de jours. Alors on bénira le ministère, et on ne regrettera pas M. Necker. Peu à peu les esprits se calmeront ; la répartition égale de l'impôt déchargera le peuple, qui reprendra ses travaux accoutumés. — Je le désire bien vivement ; mais vous n'avez pas vu comme moi la fermentation qui règne dans Paris ; il semble que tous les hommes sont devenus insensés. Pour moi, je n'y veux plus rentrer ; et sans le vif attachement que j'ai pour votre majesté, je ne resterais pas même dans les environs. — Croyez-vous les provinces plus tranquilles ? cette crise est terrible ; mais si le roi veut se prêter à quelques mesures indispensables, tout rentrera dans l'ordre. M. le prince de Condé le lui disait encore hier au soir : Si Henri IV n'avait voulu que parlementer avec les ligueurs, jamais il ne serait monté sur le trône de France. — Peut-être eût-il mieux valu, madame, pour ses descendans, si les scènes sanglantes dont nous sommes menacés ne sont pas détournées par la volonté de celui qui est le maître de nos destinées ? — Il doit son secours au roi, si les vertus sont précieuses à ses yeux. — Souvent, dit madame de Lamballe, il attend une autre vie pour les récompenser. Je ne vous cache pas, cependant, que j'ai moins d'inquiétude pour le roi que pour vous : ils semblent dans leur fureur le respecter encore.

Je sais, reprit la reine, que c'est moi qu'ils accusent, que l'on menace mes jours ; mais je n'en suis pas moins décidée à ne jamais me séparer de mon mari, de mes enfans. La mort seule m'arrachera de leurs bras : je donnerai au roi les conseils que je croirai nécessaires à sa conservation, au bonheur de la partie saine de la nation ; je sais qu'il ne les suivra pas. Il ne s'est prêté qu'avec la plus grande répugnance aux dernières mesures. Si elles ne sont pas soutenues avec vigueur, elles auront les suites les plus funestes : mais quel que soit l'évènement, je suis décidée à périr plutôt que de manquer à mes devoirs d'épouse et de mère. Mais vous, ma chère Lamballe, qui n'avez aucun lien qui vous attache ici, que ne cherchez-vous à la cour de Savoie un asyle tranquille pendant ces temps d'orage ? — Je vous ai juré, madame, respect et fidélité ; ce serment, que la charge dont je suis honorée près de vous, me rend inviolable, mon cœur le prononce avec bien plus de vérité à celle qui m'est si chère : non, madame, non, je ne quitterai point la France tant que vous y serez, et je prie le ciel, si vos jours étaient tranchés par les scélérats qui osent demander votre mort, que la mienne précédât ces horreurs. — Hélas ! ce vœu n'a été que trop accompli !

Quand on apprit à Paris, comme je l'ai dit, le départ de M. Necker, les brigands soudoyés par les agitateurs se livrèrent à toute leur rage. Dès le 11, ils se portèrent aux barrières, et les brûlèrent : les journées du 12 et du 13 furent terribles. Si le duc d'Orléans se fût montré, il est certain qu'il était roi. On l'appelait à grands cris : ne pouvant avoir sa personne, on s'empara de son buste et de celui de M. Necker. On les promena dans toutes les rues avec des hurlemens semblables à ceux des sauvages, lorsqu'ils sont prêts à se repaître des membres palpitans de leurs prisonniers. Les invectives les plus grossières contre le roi, la reine, n'étaient interrompues que par les cris de vive M. le duc d'Orléans! vive M. Necker! On porta ces deux effigies dans les Champs-Elysées, sur le boulevaad, jusqu'à la place Louis XV, où un détachement de Royal - Allemand voulant dissiper cet attroupement, chargea sur ces hommes ivres de vin et d'eau-de-vie. Celui qui portait le buste du duc d'Orléans, effrayé par les armes des soldats, le laissa tomber. Un autre néanmoins le releva ; mais d'un coup de sabre la tête fut séparée du buste : comme si la Providence avait voulu avertir ce prince, que des scélérats égaraient, qu'un jour la sienne tomberait sous la hache de ses perfides amis qui, après en avoir frappé tout ce qu'il y avait de plus auguste, de plus vertueux en France, le sacrifieraient à son tour, quand ils croiraient n'avoir plus besoin de lui.

Cependant, le moment d'une crise terrible approchait, et on ne peut comprendre que la cour ait pris des mesures aussi insignifiantes que celles qui furent adoptées pour empêcher l'effet de complots que l'on ne se donnait plus même la peine de cacher ; car voilà ce que la révolution, dont nous avons été les malheureux témoins, a de particulier, c'est qu'il y avait alors une telle subversion de principes, que l'on se faisait gloire du crime et de l'inhumanité; néanmoins, on se flattait encore à Versailles que bientôt tout rentrerait dans l'ordre.

La reine écrivait le 14 à madame de Lamballe, que sa santé avait empêché d'aller à Versailles : Nous serions ici dans les plus vives alarmes, si M. de Launai ne nous avait assuré qu'il répondait de la Bastille : on y fera transporter les fonds du trésor royal, de la caisse d'Escompte et du Mont-de-Piété : l'on craint qu'ils ne soient pillés. Tant que nous aurons cette citadelle, les troubles de Paris ne peuvent être dangereux ; et comme elle est imprenable, nous sommes aussi tranquilles que ce moment peut le permettre. On dit que le prince de Lambesk a fait une grande imprudence : j'attends un courrier de moment en moment ; je ne fermerai pas ma lettre qu'il ne soit de retour.

Le peuple se porte vers la Bastille, mais il est sans armes. Le roi est inquiet, très-inquiet ; c'est de cette journée-ci que dépend le sort de tout ce qui vous est cher. Ménagez-vous, mon amie, et venez me voir dès que vous le pourrez.

. . . .
. . . .

En effet, le peuple s'était porté vers la Bastille, et n'ayant point d'armes, il n'avait pu que faire des menaces, dont M. de Launai n'était pas très-alarmé. Mais bientôt on pensa qu'il était inutile de tenter cette entreprise sans être armé ; et tous ces flots de peuple, semblables à la mer que le flux pousse sur le rivage, qu'elle couvre de ses eaux pour la laisser à sec peu de momens après ; de même la multitude, qui occupait toutes les avenues du faubourg Saint-Antoine, tout-à-coup laisse ce quartier désert, et se porte aux Invalides, criant, blasphémant, disant qu'il leur faut des fusils, des canons, et qu'ils sauront bien se venger de ceux qui hésiteraient à répondre à leur demande. En effet, soit crainte, ce qui n'est pas à présumer dans de vieux militaires, soit qu'ils partageassent l'opinion de leurs concitoyens, ils leur livrèrent tous les fusils qui se trouvaient dans cette maison.

Mânes de Louis XIV qui venez errer avec orgueil dans cet édifice, qui plus qu'aucun autre de votre règne prouve votre grandeur, avec quelle profonde affliction ne les voyez-vous pas armer leurs bras contre le plus vertueux de vos successeurs ! Vous n'ignorez pas que si le peuple se rend maître de la Bastille, il n'y a plus pour la cour d'autre parti, que d'affamer cette ville immense, ou de capituler avec elle. Louis pouvait-il oublier que ce fut de la Bastille même que mademoisselle de Monpensier, qui était parvenue à s'en rendre maîtresse, fit tirer ce coup de canon qui détruisit pour jamais tout projet d'alliance entre elle et le monarque? Il doit se rappeler, en frémissant, la fronde qui mit l'Etat à deux doigts de sa perte ; et sûrement il prie l'être des êtres de détourner de sa race les maux dont il voyait qu'elle était menacée.

La multitude reprend le chemin de la Bastille, revêtue d'armes que la plupart ne savent pas manier, mais qui n'en compte pas moins parmi le nombre, qui grossit à chaque instant, par les instigations perfides des ennemis du roi, qui font répandre le bruit que la représentation nationale est violée, que la cour fait égorger les députés du tiers, que la reine veut faire mettre le feu à Paris, qu'il y a des batteries sur Montmartre pour foudroyer la ville à boulets rouges, qu'on a trouvé les grils, que c'est l'abbesse de Montmartre qui recèle dans les immenses souterrains de son abbaye les munitions de guerre qui serviront pendant le siége; qu'il faut, à toute force, s'emparer de la Bastille pour empêcher que la cour ne s'en serve pour mettre la ville entre deux feux : d'ailleurs c'est une prison, il faut l'abattre; les Français veulent la liberté.

Déjà quelques jours avant ils en avaient adopté le signe, dont Camille-Desmoulins avait laissé le choix de la couleur. Ils avaient pris le vert, et le premier signe de ralliement fut quelques bouts de ruban de cette couleur; mais, se rappelant que c'était la livrée de M. le comte d'Artois qu'ils proscrivaient, ils prirent celle du duc d'Orléans; et tout ce qui se portait dans le faubourg Saint-Antoine avait des cocardes rouges et bleues : à quelques jours de-là, ils ajoutèrent le blanc.

Ces couleurs, que la victoire a rendues si éclatantes, ne permettent plus de penser qu'elles furent d'abord le signe de ralliement des scélérats qui nous mirent sur le bord de l'abîme. Que de grandes actions furent nécessaires pour faire oublier leur origine! Mais il n'en est pas moins certain que les deux cent mille hommes qui se portèrent au pied des tours de la Bastille avaient été les soldats des monstres qui espéraient régner sur ma triste patrie, si le ciel, qui ne voulait pas que la France leur fût livrée, n'eût pas permis qu'ils s'entre-déchirassent entr'eux (1).

---

(1) Cet oubli ne peut être assez général pour qu'on n'ait pas vu reparaître avec plaisir, sur nos enseignes, la couleur chérie des Français. Le blanc, emblême de la pureté, convient, mieux qu'aucun autre, à l'homme d'honneur, qui doit toujours pouvoir dire, avec Bayard : *Sans peur* et *sans reproche*.

Extrait d'une *Lettre de la Reine à Madame la Princesse de Lamballe.*

Le 14 au soir.

. . . .
. . . .

Tout est perdu, la Bastille est au pouvoir des Parisiens. Le malheureux de Launai a payé de sa vie l'imprudence qu'il a eue de baisser le pont.

. . . .
. . . .

Ne perdez pas un instant pour venir me joindre. Tous nos amis fuient; puissent-ils échapper à la fureur du peuple! La consternation, l'effroi, m'environnent. Le roi cède à la dure loi de la nécessité; il abandonne tout projet de défendre les droits de la monarchie.

. . . .
. . . .

Une solitude affreuse nous environne; il ne nous reste de fidèles que les Gardes-du-corps et les Suisses. Puissent-ils en être récompensés !

. . . .
. . . .

Ils voudraient m'emmener ! moi, quitter mes enfans ! ou les séparer de leur père ! Non, impossible, impossible ; quel que soit le sort qui les attend, je le partagerai. Mais, venez, mon amie, j'ai besoin de vous ; j'ai besoin d'épancher dans votre cœur la douleur qui m'accablerait, si mon courage et ma résignation n'étaient pas au-dessus des maux que j'appréhende. . . . . . .
. . . .
. . . .

Madame de Lamballe se rendit sur-le-champ à Versailles, non sans les plus grands dangers. La route était couverte de voitures qui allaient et venaient pour instruire les meneurs des progrès terribles de l'insurrection. Déjà les cannibales exerçaient, au nom du peuple qu'ils égaraient, ces vengeances atroces qui souillèrent ces jours d'affreuse mémoire, et dont les horreurs se renouvellent toutes les fois que ce parti est dominant.

Ce fut dans ces instans terribles où

7*

l'on vit le peuple le plus poli de la terre, suivre des monstres qui, se faisant une gloire de surpasser l'art horrible des bourreaux, s'érigèrent en juges et en exécuteurs de leurs propres jugemens. D'abord, peu accoutumés à ces abominables exécutions, ils ne savaient ce qu'ils devaient faire de leurs victimes. Le hasard m'a fait connaître celui qui leur donna le perfide conseil de changer en instrument de supplice, les réverbères que la surveillance active de la police avait fait placer pour les éclairer. Je ne le nommerai pas, quoiqu'il me fût infiniment facile de le faire ; je me bornerai seulement à dire que c'était un maître d'écriture, homme qui excellait dans son art. Il revenait de donner quelques leçons ; il rencontra ces forcenés, traînant un de ceux qu'ils nommaient coupables, et fort embarrassés de savoir ce qu'ils en feraient : « Accrochez-le, leur dit-il, à la lanterne ». Ils saisirent avidement ce perfide conseil ; et, depuis, ce cri fut le signal de proscription des infortunés que la rage des buveurs de sang dévouaient à la mort : moyen qu'ils trouvèrent trop lent par la suite, et qu'ils remplacèrent par les massacres.

La terreur fut telle dans ce premier moment, que tout ce qui avait joui de la faveur de la reine, ou pris part à la déclaration du 23, se crut perdu.

Partout on vanta le courage héroïque des vainqueurs de la Bastille ; ils jouirent pendant plusieurs années des prérogatives presqu'équivalentes à la noblesse. Depuis, les héros de Jemmape, de Fleurus, d'Arcole, de Lodi, de Maringo et d'Hohenlinden, éclipsèrent leur gloire, et ils sont rentrés dans l'oubli des temps. On ne voit plus dans ce mémorable évènement, que la main de l'Eternel qui a voulu châtier la France, et qui s'est servi des instrumens les plus capables de coopérer à ses desseins. Nous ne rechercherons pas les noms de ceux qui concoururent à cette sanglante insurrection, qui décida du sort de l'infortuné Louis XVI et de sa famille. Il ne jouit plus que d'une ombre de puissance et de liberté, dont les génies infernaux qui avaient juré sa perte, surent bien le dépouiller entièrement. Tout changea de face ; l'assemblée nationale fut l'unique autorité qu'on reconnut en France.

Mais le roi se flattait d'y trouver un

appui parmi les hommes probes, dont l'énergie pouvait lui faire espérer qu'en s'occupant d'améliorer le sort du peuple, il ne laisserait pas oublier que la liberté était due à ce même roi qui avait consenti, malgré tout ce qu'on avait pu lui dire, à la convocation des états. Aussi, plusieurs, même parmi le tiers, lui étaient-ils sincèrement dévoués, et cherchèrent de bonne foi à concilier les droits du peuple et la gloire du roi. Les hommes bons et sensibles sourirent un moment à cet espoir, lorsque l'on vit le roi et la famille royale échappés aux dangers qui les avaient environnés pendant l'insurrection.

De son côté, sa majesté n'oublia rien pour ramener à lui les cœurs de ses sujets. Il consentit au rappel de M. Necker. Il parut ne compter pour ses amis, que ceux de ses courtisans qui se prétaient au nouvel ordre de choses. Alors il fut nommé le restaurateur de la liberté française, le père du peuple. On le compara aux rois les plus illustres par leur sagesse. Ces cris d'amour pour lui et sa famille lui promettaient des jours heureux.

Ses ennemis frémirent à ce changement inattendu, et virent bien qu'ils avaient manqué leur coup; mais aussi, persévérant dans le mal, qu'il serait à désirer qu'on le fût dans le bien, ils recommencèrent leurs brigues à l'ombre du mystère, et elles n'eurent que trop de succès. L'homme vertueux sera toujours dupe des méchans, parce que son cœur, incapable de fraude, est confiant et ouvert. Louis XVI, satisfait de la situation présente, ne croyait pas que l'on pût désormais rien tramer contre lui. Incapable de se venger de ceux qui lui avaient fait tant de mal, il se persuadait qu'ils renonceraient à leur plan comme il avait oublié leurs injures ; et ainsi il leur laissa toute liberté pour lui nuire.

Les travaux de l'assemblée avançaient lentement, surtout pour les deux points essentiels, de couvrir le déficit et de donner du pain au peuple, qui, à la veille de la moisson et d'une superbe récolte, n'en était pas plus assuré de voir diminuer le prix de cette denrée qui fait, presqu'en France, la seule nourriture du pauvre, parce que les monstres qui lui avaient fait sentir les horreurs de la disette, étaient là prêts à lui ravir les biens que la Providence lui destinait pour calmer son inquiète turbulence : il ne restait à ces monstres que ce moyen de perdre Louis XVI ; il fallait bien qu'ils l'employassent.

Cependant, la réunion du roi à la nation fut célébrée partout avec transport. On n'entendait parler que d'actions de grâces rendues à Dieu ; ce n'était partout que cérémonies religieuses et fêtes civiques. On y voyait encore des distinctions entre les états ; mais les premiers, soit peur dans quelques-uns, soit, dans les autres, enthousiasme de la liberté, se plaisaient à se mêler aux plaisirs populaires. On semblait être tacitement convenu que les premières insurrections avaient été nécessaires, et que, pourvu qu'on s'en tînt là, on oublierait tout ; et je suis bien assurée que sans les hommes qui avaient intérêt à entretenir le désordre, tout le peuple, revenu à des sentimens plus calmes, aurait repris cette indifférence pour les affaires publiques, qui semble être dans son caractère. L'assemblée, peu à peu, se serait entendue avec le roi, et aurait atteint le but qui l'avait fait convoquer, la réformation des abus, et la restauration des finances.

Louis XVI, malgré ce qu'en ont pu dire ses ennemis, avait des connaissances très-étendues (1). Il aimait le travail, et cherchait tous les moyens de s'éclairer. Entouré d'hommes de génie, car on ne peut nier qu'il n'y en eût plusieurs dans l'assemblée constituante, il se serait approprié leurs lumières ; et, de cette harmonie entre le chef suprême de la nation et ses représentans, aurait résulté les plus grands avantages. Qu'ils sont coupables, les scélérats dont les basses intrigues ont secoué les torches de la discorde ! Ils ont, pour la plupart, péri ; mais la mort est un supplice trop doux pour de pareils monstres. C'est à eux que toute la France doit redemander les victimes qui furent immolées à leur ambition, et dont rien ne peut faire oublier la perte ; de longues années se sont écoulées, et les plaies qu'ils nous ont faites saignent

---

(1) Tout le monde sait que Louis XVI parlait plusieurs langues. Sa traduction du *Règne de Richard III*, ou *Doutes historiques sur les Crimes qui lui sont imputés*, que l'on vient de publier, est la preuve qu'il possédait parfaitement l'anglais.

encore. Il n'est point de forfait comparable à celui de l'homme qui trouble l'ordre social, parce qu'une fois interverti, on ne peut calculer quand il se rétablira.

Il était question de choisir un commandant de la garde de Paris; on prétend qu'on voulait nommer le duc d'Orléans, et qu'il n'osa pas se présenter à l'assemblée de la commune. On l'y attendait, et ce fut, à ce que l'on assure, ce qui empêcha le conseil d'agréer les services de M. le duc d'Aumont, qui avait, à ce que l'on dit, des vues fort ambitieuses, et epsérait, en commençant par être commandant de la garde de Paris, parvenir à de plus grands honneurs.

Bientôt les yeux se tournèrent sur un homme que la postérité seule peut juger, que je crois cependant n'avoir jamais eu d'autre désir que celui de faire le bien, et qui, s'il crut un moment que les meneurs partageaient avec lui l'enthousiasme pour la liberté, il les jugea bientôt, et se détacha entièrement de leurs intérêts. Non, M. de Lafayette n'était point fait pour être le complice des ennemis du roi. Bon fils, bon époux, bon père, il est impossible qu'avec de telles vertus on fût capable de partager, de seconder des complots. Il pouvait être ébloui par la gloire de donner une forme nouvelle et meilleure à son pays, mais il ne pouvait haïr le roi; et s'il ne fit pas tout ce que l'on croit qu'il devait faire pour s'opposer au torrent révolutionnaire, il faut se souvenir que lui-même en était froissé, et que n'étant plus l'ami des chefs, il avait tout à craindre de ces hommes qui faisaient dès-lors trembler les gens de bien.

Madame de Lamballe se rendit au vœu que la reine lui avait témoigné de la voir, dès que sa santé le lui permettrait. Elle l'a trouva plus calme qu'au moment où elle lui avait écrit, mais cependant bien loin de partager la sécurité du roi. « Ils ne seront satisfaits, dit-elle à la princesse, que lorsqu'ils nous auront mis dans une position telle, qu'il faille fuir, ou être égorgés : je ne crois pas, ajoutait la reine, à cette disette qui exaspère le peuple. N'est-il donc aucun moyen de savoir s'il n'existe pas en France des magasins que la faction conserve pour ne les ouvrir qu'au moment où elle aura fait proclamer un régent du royaume ! » Je n'en connais aucun, répondit madame de Lamballe. Je n'ai point de relations avec les hommes qui se mêlent d'accaparemens. Nous n'imaginions guères, il y a quelques années, que vous auriez rien à craindre ou à espérer d'eux. Cette classe nous paraissait si loin de nous ; cependant, je chargerai quelqu'un de ma maison, en qui j'ai la plus grande confiance, de savoir de Pinet, avec lequel je le crois assez lié pour lui en avoir souvent entendu parler, s'il ne connaît aucune des ressources que l'on emploie pour faire retrouver du blé lorsqu'on le voudra. Pinet, à ce que l'on assure, n'est point un méchant homme ; il me semble qu'il avait promis au roi de faire arriver des subsistances. C'était, reprit la reine, le but des conférences de Marly. Mais l'évènement affreux du 14 a tout bouleversé ; je ne crois pas qu'il ait revu le roi depuis ce jour-là. Si vous avez quelqu'un à vous qui le connaisse, il faut l'engager à renouer les négociations. Vous pourriez le voir à Passy assez secrètement pour que personne ne le sût.

Promettez-lui tout ce qu'il voudra : qu'il apaise la faim du peuple, et je suis bien sûre qu'il reviendrait à nous ».

Madame de Lamballe promit à la reine de tout tenter pour la tranquilliser sur un point qu'elle regardait, comme elle, d'une grande importance ; et elle y serait parvenue par M. C***, qui en effet était très-lié avec Pinet : mais ce malheureux qui, à ce que l'on assure, avait, dans la journée du 14, confié toute sa fortune à l'un des chefs de la conjuration, pour la soustraire aux brigands, fut assassinée par ses ordres au moment où il lui redemandait son portefeuille, et il le fut par des hommes que l'on avait eu l'indignité de revêtir de la livrée de la reine. Ainsi, il ne fut plus possible de s'emparer du secret des accaparemens ; et la cause subsistant toujours, on devait bien s'attendre à en voir renouveler les effets.

Le roi, croyant qu'il pourrait, en communiquant directement avec l'assemblée, inspirer de la confiance aux membres du côté gauche (c'est ainsi qu'on appelait ceux du tiers), se rendit à pied au lieu des séances, au moment qu'on s'y attendait le moins, vêtu très-simplement, accompagné de ses deux frères; ils n'étaient suivis que de quelques gardes sans armes; il parla ainsi aux députés :

« Messieurs, le chef de la nation vient
» avec confiance au milieu de ses repré-
» sentans leur témoigner sa peine, et
» les inviter à trouver les moyens de
» ramener l'ordre et le calme. Je sais
» qu'on a donné d'injustes préventions;
» je sais qu'on a osé publier que vos
» personnes n'étaient pas en sûreté. Se-
» rait-il donc nécessaire de rassurer sur
» des récits aussi coupables, démentis
» d'avance par mon caractère connu?
» eh bien! c'est moi qui ne suis qu'un
» avec ma nation; c'est moi qui me fie
» à vous! Aidez-moi dans cette circons-
» tance à assurer le salut de l'Etat : je
» l'attends de l'assemblée nationale. Le
» zèle des représentans de mon peuple,
» réunis pour le salut commun, m'en
» est un sûr garant; et comptant sur
» l'amour et la fidélité de mes sujets,
» j'ai donné ordre aux troupes de s'é-
» loigner de Paris et de Versailles. Je
» vous autorise, je vous invite même à

« faire connaître mes dispositions à la
« capitale ».

Les scélérats sont quelquefois contraints par l'empire de la vertu à lui rendre, malgré eux, l'hommage qu'elle mérite. Ceux qui siégeaient dans l'assemblée parurent entraînés par la joie que cette démarche du roi fit éprouver à la majorité. Elle causa une telle impression dans tous les cœurs, que l'on eût dit qu'il n'y avait qu'une opinion ; tous se lèvent, entourent sa majesté, la reconduisent en triomphe au château, aux acclamations du peuple.

Le roi, se livrant encore une fois au doux espoir d'avoir reconquis les cœurs de ses sujets, après avoir rendu grâces à Dieu de cette faveur, qu'il regarde comme la plus précieuse, puisqu'elle le met à même de faire le bonheur du peuple, passe chez la reine, où était madame de Lamballe. « Je n'ai pas voulu, madame, lui dit-il en entrant chez elle, vous faire part de la démarche que je voulais faire, vous en eussiez été trop inquiète ; à présent qu'elle a réussi au-delà de mes espérances, je viens m'en féliciter avec vous ; et je suis charmé de vous trouver avec madame de Lamballe : je la prie de dire à M. de Penthièvre, dont je connais tout l'attachement, qu'il peut être tranquille à présent, que tout va changer de face. » Madame de Lamballe se joignit à la reine pour témoigner au monarque la satisfaction qu'elle ressentait de cette heureuse nouvelle, et l'assura que personne n'y serait aussi sensible que son beau-père.

Le roi demanda ses enfans, et prenant son fils dans ses bras : « A présent, disait-il à l'enfant qui ne pouvait le comprendre, j'espère te laisser une couronne, peut-être moins brillante que celle de mes prédécesseurs, mais plus affermie sur nos têtes, puisque les intérêts du peuple se trouveront liés irrévocablement avec ceux du roi ».

Madame, dont la raison avait devancé les années, ressentit la plus douce satisfaction, en voyant sur le visage de son père un calme et une sérénité qui en avaient fui depuis l'ouverture des états. Elle l'embrassait et serrait la reine dans ses bras; et son frère imitait ces démonstrations de joie, quoiqu'il ne sût pas le sujet qui la causait. Enfin, disait Louis XVI, je le savais bien, que lorsqu'ils m'entendraient, qu'ils verraient mon cœur à découvert, il était impossible qu'ils ne me rendissent pas justice. J'aurais voulu, mesdames, que vous eussiez vu la joie qui brillait sur le front de nos amis; et j'ose dire que le nombre en est bien plus grand dans l'assemblée que nous ne le croyons. Ah! ils ont bien raison de m'aimer; jamais roi ne fut plus disposé que moi à faire de grands sacrifices pour le bonheur de son peuple. — Qui le sait mieux que moi? reprit la reine : mais croyez que vous aurez peine à en faire qui puissent satisfaire la faction qui vous en proposera de tels, que vous serez forcé de refuser; et alors elle persuadera au peuple que vous êtes un tyran; et ne lui laissant pas entrevoir tout ce que vous avez fait, elle l'indisposera sur ce que vous n'aurez pu accorder. — Je ne le crois pas, madame : d'ailleurs, nous touchons au moment de la récolte; et dès que les inquiétudes sur les subsistances seront cessées, il sera bien plus difficile de faire soulever des gens pour qui du pain est tout. — « Et qui vous a dit, reprit la reine, que les conspirateurs n'ont pas déjà pris des mesures pour enlever les grains?

» Pinet, qui existait encore, à qui madame de Lamballe fit parler par M. C***, est très-inquiet ; cependant il offre d'en faire venir d'Angleterre. Il faudrait que M. Necker se chargeât d'en faire les avances. » Je lui en parlerai, dit le roi ; mais soyez sûre qu'avant qu'il soit trois mois, tout sera calme, et que le peuple heureux me rendra la justice que je mérite. « Je le désire, reprit en soupirant la reine, mais je crains. »— Hélas ! ses appréhensions n'étaient que trop fondées.

Le parti révolutionnaire, loin de faire sentir les avantages de la réunion du roi avec l'assemblée, s'en servit pour exciter la jalousie de la commune de Paris. Ce corps, qui était composé des électeurs, s'était emparé de l'autorité, semblait une seconde assemblée nationale, et rivalisait de puissance avec celle de Versailles. Ils prétendirent que le roi ne leur devait pas moins de confiance qu'aux députés, et que, tant qu'il ne viendrait point au milieu d'eux, ils ne croiraient pas à la sincérité de ses paroles. En même temps qu'ils exprimaient ces vœux, les ennemis du roi faisaient publier, avec une extrême profusion, les libelles les plus révoltans contre la cour, afin que le roi, effrayé de la disposition des esprits, refusât de venir à Paris; et ils auraient exécuté dès ce moment ce qu'ils ne firent que trois mois plus tard. Si, au contraire, il venait, on devait l'entourer de manière à ce qu'il ne pût échapper. On ne cachait pas que si M. le comte d'Artois accompagnait le roi, il serait arrêté.

Ces bruits se répandirent au château, en même temps que les députés de la commune engageaient le roi à se rendre au vœu de sa bonne ville. La reine, et tout ce qui était attaché à la famille royale, en furent vivement alarmés. Ils se jettèrent aux pieds du roi pour qu'il n'allât pas à Paris; mais il persista à vouloir donner aux Parisiens cette marque de confiance, et dit à ceux qui l'en détournaient: J'irai à Paris; mes intentions ont toujours été pures, je m'y confie; le peuple doit savoir que je l'aime : il fera d'ailleurs de moi tout ce qu'il voudra.

M. le comte d'Artois offrit à son frère d'aller seul à Paris à sa place. Sa majesté ne voulut pas y consentir; et, inébranlable dans sa résolution, elle résiste aux prières, aux larmes de tout ce qui l'environne, et n'ayant avec elle que M. le comte d'Estaing, le prince de Beauveau, les ducs de Villeroi et de Villequier, elle monte en voiture. Le peuple de Versailles, armé de tout ce qu'il avait rencontré, fusils, pistolets, vieilles épées, piques, bâtons, s'empara de sa majesté, et força en quelque sorte quatre cents gardes-du-corps qui devaient accompagner le roi à prendre les devans ; de sorte qu'ils arrivèrent à Paris deux heures avant le roi, qui, pour ne pas excéder cette multitude qui était à pied, fut cinq heures à se rendre à Paris. Où était le temps que ses chevaux fendaient l'air et le transportaient presque magiquement d'un lieu à un autre ? Mais tout était changé pour lui. Les gardes, arrivés aux barrières, y furent consignés ; ce qui leur donna la plus vive inquiétude pour le roi, qui lui-même ne put se défendre d'une sorte d'effroi en voyant les hommes qui vinrent se mêler aux troupes de Versailles. Rien de plus révoltant que leur aspect ; c'étaient ces mêmes individus dont j'ai parlé en racontant le pillage de Réveillon.

Arrivés sur la place Louis XV, une balle, que l'on présume avoir été tirée de l'autre côté de la rivière, vint frapper Anne-Elisabeth-Jacqueline du Prateau, qui tomba morte sur-le-champ. Victime indifférente à ces monstres, elle reçut le coup perfide que des scélérats avaient fait diriger sur le meilleur des rois, qui, par une destinée bien douloureuse, devait, sur cette place, au pied de la statue de son aïeul, où il courut un si grand danger, finir ses tristes jours sur un échafaud.

Tandis que le roi venait à Paris chercher une mort presque certaine, M. le comte d'Artois, le prince de Condé, et tout ce qu'il y avait de noms illustres à la cour, fuyaient, persuadés que cette journée amenerait les plus affreux malheurs. Ah! s'ils avaient eu plus de confiance à l'ascendant de la vertu, qui ne permit pas à ces monstres d'exécuter leurs criminels desseins, ils seraient restés près de cet infortuné monarque; ils l'auraient consolé, aidé de leurs conseils et de leurs bras, et, peut-être, l'auraient-ils préservé des malheurs qui l'attendaient. Cependant, il revint à Versailles, et ce fut, pour sa famille, une grande joie qu'il eût échappé aux piéges dont sa route avait été semée. Mais il était aisé de voir qu'il n'avait pas trouvé dans l'assemblée de la commune, ce même épanchement, cette même reconnaissance dont sa première démarche avait été récompensée. Il était profondément affecté; le départ de son frère et des hommes sur lesquels il devait le plus compter, l'affligeait aussi. Comme roi, il les désapprouvait; comme homme, il trouvait simple que l'on s'éloignât du tableau qu'il venait d'avoir sous les yeux.

Les conjurés ayant manqué leur coup, et voyant bien que ce ne serait que du sein de l'assemblée qu'ils feraient sortir les armes dont ils voulaient se servir pour perdre celui qu'ils avaient juré d'anéantir, cherchèrent à s'en assurer les moyens.

De longs débats sur la nature du *veto* que l'on voulait accorder au roi, et que ceux qui comptaient peut-être placer un autre sur le trône avaient autant d'intérêt que les amis de Louis XVI à le rendre absolu, finirent par lui donner la forme la plus dangereuse, puisqu'en suspendant une mauvaise loi, il retardait aussi la promulgation des bonnes, et prolongeait les incertitudes, qui sont pires que le mal. Mais, enfin, le *veto* fut accordé, et jamais piége plus terrible ne fut tendu sous les pieds du monarque. La faction étant maîtresse des délibérations, elle était sûre de placer le roi sans cesse entre sa conscience et les poignards, en faisant décréter des lois absurdes et sanguinaires. Si le roi y donne sa sanction, c'est lui seul qu'on accusera des maux qu'elle causera, c'est lui qui est en évidence ; le peuple ne connaîtra que lui : s'il la refuse, ne trouvera-t-on pas, avec de l'or et des séductions, mille moyens pour soulever un peuple auquel on a dit que l'insurrection est le plus saint des devoirs ?

Telle était la position où ce prince infortuné se trouvait. Comme les criminels sont toujours pressés de jouir du fruit de leurs crimes, ils se hâtèrent de faire décréter les lois qui demandaient le plus mûr examen, d'une manière si étrange, que l'on croit être abusé par un songe, en parcourant les détails de la nuit du 3 au 4 août. Tout avait été concerté par les ennemis du Roi. Deux députés, que je ne nomme point, mais qui sont très-connus, invitent à souper un grand nombre de leurs collègues. Tout ce que l'art peut inventer de plus délicieux est servi avec profusion; les vins les plus exquis coulent à grands flots; et c'est en sortant de ces orgies qu'on se rend à l'assemblée, où la plus grande partie des membres ne se trouve pas.

C'est au milieu de la nuit, dont la secrète horreur dispose les esprits à l'exaltation, et où il semble que la nature, à qui on enlève les heures destinées au repos, se venge par le désordre de la raison. Celle des députés, qui avaient été des deux soupers donnés par les anarchistes, était déjà troublée par le vin et les liqueurs. C'est là que l'on renverse en quelques heures les usages consacrés depuis des siècles; que l'on attaque les propriétés, même étrangères; qu'on proclame les droits de l'homme, sans parler de ses devoirs. Cette loi, dont plusieurs articles honorent l'humanité et la philosophie, ne pouvait être qu'infiniment défectueuse dans plusieurs articles. On imaginait bien que Louis XVI ne la sanctionnerait pas au même instant qu'elle lui serait présentée. Cependant elle semble entièrement faite pour le bonheur de la partie la plus nombreuse et la plus pauvre du peuple.

Quelle ressource le refus, ou même le retard de la sanction, n'offrira-t-il pas aux factieux!

Tandis que l'on avait jeté la pomme de discorde entre le roi et l'assemblée, dont la réunion était si désavantageuse aux factieux, ils faisaient exercer dans toute la France des horreurs qu'on ne peut imaginer, et que la postérité, à ce qu'il faut espérer pour la gloire de notre génération, traitera de fables inventées par la plus noire malignité, pour flétrir le siècle qui vient de finir. Partout le fer et le feu signalaient leurs ravages; partout les cris des victimes étaient étouffés par les chants féroces de leurs bourreaux : les femmes, je le dis en frémissant d'horreur, l'emportaient de beaucoup sur la férocité des hommes, et prouvaient que, lorsque l'on franchit les barrières posées par la nature, il n'est rien où l'on s'arrête.

L'impunité enhardit le crime. Le malheureux Chatel, maire de St.-Denis, qui avait épuisé sa fortune pour nourrir les pauvres, est traîné dans les rues de la ville; on lui fait souffrir mille morts; et enfin, lorsque ses bourreaux sont las de prolonger sa douloureuse existence, ils la terminent, et arrivent aux portes de Paris portant sa tête. On se contente de leur députer un détachement de la garde nationale, qui les prie de vouloir bien retourner sur leurs pas, et ils obéissent. On ne peut donc pas dire qu'il était impossible de gouverner cette multitude; et si on pouvait l'empêcher de suivre ses projets, lorsque les meneurs croyaient devoir les leur faire changer, ne devait-il pas être aussi facile d'arracher de leurs mains les victimes qu'ils dévouaient à leur fureur?

Cependant, le ciel paraissait encore protéger la vertu. M. le duc de Penthièvre et madame la princesse de Lamballe n'avaient éprouvé ni insultes ni menaces. Quelques personnes même voulaient que l'administration du royaume fût confiée à ce prince, dont la multitude honorait la piété. Mais c'eût été bien en vain qu'ils eussent tenté sa fidélité, jamais le roi n'eut d'ami plus sincère, de sujet plus respectueux; eh bien! croirait-on jusqu'où peut aller la scélératesse? J'ai entendu, non sans frémir d'indignation, un jacobin accuser ce prince des plus affreux désordres; et le ciel ne tonna pas sur cet infâme calomniateur, pour venger la vertu outragée ! Mais si Dieu retarde les punitions qu'il réserve aux criminels, ce n'est quelquefois que pour les rendre plus terribles. Ce monstre d'ingratitude, qui devait tout à ceux dont il aurait terni la réputation, si un vil insecte pouvait obscurcir les rayons brillans du soleil, a été le jouet des meneurs, et après avoir servi quelque temps leurs ordres sanguinaires, dans des emplois subalternes, ils ont abandonné sa vieillesse à la plus affreuse misère.

En attendant que le roi sanctionnât les décrets du 3 et du 4 août, on s'occupa de l'hérédité de la couronne : question qui même alors était assez inutile, vu le nombre d'enfans mâles qui se trouvaient dans la branche régnante. Mais le duc d'Orléans, qui supposait peut-être que ceux qui étaient restés en France, périraient, et qu'il serait facile de faire proscrire ceux qui avaient passé en pays étrangers, n'avait aucun moyen contre la branche régnante en Espagne ; il lui importait donc de lui faire donner constitutionnellement l'exclusion. Mais, quelque

8*

chaleur et quelqu'éloquence que ses partisans employassent, ils ne purent réussir à la faire prononcer d'une manière positive. Ceux qui ne craignaient rien autant que de voir donner une certitude de plus au duc de parvenir au trône, disaient qu'on devait éviter de donner aucune alarme à l'Espagne, notre plus solide alliée, et qu'on ne devait pas s'occuper de cette question. Mais les anarchistes y mirent un tel acharnement, que, pour éviter une scission très-dangereuse en ce moment, le côté droit consentit que l'on ajoutât au décret qui réglait l'hérédité de mâle en mâle dans la branche régnante, cet amendement, *sans vouloir préjuger sur l'effet de la renonciation.* Cette clause, qui ne décidait rien en faveur du duc, contenta néanmoins son parti, et la discussion se termina.

Mais qu'il me soit permis de faire une réflexion ; si le saint amour de la liberté eût enflammé les âmes de ces hommes qui depuis prétendirent qu'ils n'avaient rien fait que pour elle, pourquoi tant d'intrigues, tant de soins, pour écarter de la succession à la couronne, une branche qu'ils disaient lui être devenue étrangère ? Que devait leur importer que tels ou tels voulussent occuper un trône qui devait, d'après les principes qu'ils laissèrent éclater depuis, être renversé ? Pourquoi perdre un temps précieux en délibérations absolument inutiles au bonheur du peuple, qui se dit toujours, tant qu'il a un maître, comme l'âne d'Esope, que ce soit Louis ou Philippe, il me faudra toujours porter un bât ? Ne valait-il pas mieux, en attendant que les esprits fussent mûris pour un aussi grand changement ; ne valait-il pas mieux, dis-je, s'occuper d'améliorer le sort de ce même peuple, lui donner du pain, diminuer les impôts, que de savoir si la renonciation du fils de Louis XIV suffisait pour donner des droits à la maison d'Orléans, à une couronne qu'ils voulaient briser ?

Ce fut à la certitude que les partisans du duc crurent avoir qu'il parviendrait au trône, que l'on dut les décrets qui établissaient l'inviolabilité du roi ; et c'est ainsi que l'on peut expliquer les contradictions apparentes dans la conduite que l'on tenait avec Louis, et les brillans avantages que la constitution accordait au roi des Français. Louis XVI. était déjà proscrit dans le cœur des anarchistes ; et il fallait rendre la place qu'ils étaient bien assurés de lui faire quitter, la plus avantageuse possible pour leur chef, afin de lui donner les moyens de les récompenser des peines incroyables qu'ils se donnaient pour parvenir à leur but.

Mais il leur était bien plus facile de soulever la multitude ; ils changeaient plus aisément d'un bout du royaume à l'autre, le caractère du plus aimable des peuples, dont ils firent, pendant nos jours de douleur, une horde de barbares, qu'ils ne pouvaient donner au duc d'Orléans l'énergie nécessaire pour le rôle de conjuré. Un fait que la reine raconta à madame de Lamballe en présence de personnes dignes de foi, prouve à quel point il se laissait intimider par celui même dont il avait juré la perte.

« La seule chose qui me rassure, disait Marie-Antoinette à son amie, c'est le choix qu'ils ont fait : tant qu'ils l'auront pour chef, je craindrai peu ; car, enfin, pour être roi, il faut qu'il finisse par se déclarer ; et soit honte de son crime, soit crainte, ou soit l'un et l'autre, il est incapable de se montrer, même dans les momens où il ne court d'autre danger que celui d'être demasqué.

» Vous vous rappelez, ma chère Lamballe, les jours désastreux qui précédèrent le 14 juillet. Le roi avait assemblé son conseil pour délibérer sur ce que l'on pouvait faire de moins mal dans les tristes circonstances où nous nous trouvions. J'apprends que d'Orléans a le projet d'entrer au conseil, et j'en fais prévenir mon mari. Votre beau-frère se rend en effet dans la chambre du roi, où plusieurs personnes qui l'ont vu m'ont assuré qu'il avait l'air extrêmement troublé; jamais il ne peut se déterminer à entrer avec les ministres. Il resta tout le temps à attendre que le conseil fût fini; il ne pouvait demeurer en place. Il avait l'air quelquefois d'un enfant qui répète intérieurement la leçon qu'il doit réciter; puis il se frappait le front, comme pour éloigner la crainte dont il paraissait pénétré. Enfin les portes s'ouvrent, il laisse sortir tout le monde; il aborde le roi, qui, d'après ce que je lui avais fait dire, s'attendait à quelques propositions de paix, dont le duc d'Orléans serait le médiateur, et il s'apprêtait à lui répondre avec cette brusque franchise que vous lui connaissez, lorsque ce prince lui dit, en articulant avec une extrême difficulté : « Sire, je viens supplier votre majesté » de me permettre de faire un voyage en » Angleterre, dans le cas où les affaires » deviendraient plus fâcheuses qu'elles » ne le sont ». Le roi le regarde avec étonnement, lève les épaules et ne lui répond rien. Vous conviendrez qu'un tel homme n'est pas à craindre. — Je suis bien de l'avis de votre majesté, mais son parti n'en est pas moins dangereux : ces hommes qui se sont promis de gouverner sous son nom, s'ils ne réussissent pas à le porter au trône, sont capables de détruire la monarchie. — C'est impossible; on ne change pas facilement une institution qui repose sur quatorze siècles. — Il faut prévoir les maux pour les prévenir, vous entourer de ce qui vous reste d'amis, les empêcher de se joindre à ceux qui ont cru nécessaire à leur sûreté de quitter la France, surtout vous assurer la fidélité du petit nombre de troupes qui vous reste. Il est si facile de se faire aimer des soldats ; et qui le peut mieux que vous, madame ? il suffit de vous montrer. Rappelez-vous votre illustre mère tenant son fils dans ses bras. Quel enthousiasme sa présence inspira aux troupes qui jurèrent de la servir ! Il en sera de même de vous. Le soldat semble avoir plus de penchant à défendre la beauté et l'enfance ; il brave les dangers que les hommes lui opposent, et réserve toute sa sensibilité pour la faiblesse qu'il se ferait une honte d'abandonner. Féroce avec son sexe, il est bon et sensible avec le nôtre, à moins que sa raison ne soit obscurcie par l'ivresse. C'est ainsi que, sans pouvoir calculer les suites funestes que ce conseil pourrait avoir, madame de Lamballe engageait la reine à saisir l'occasion de réchauffer dans le cœur des militaires l'amour qu'ils avaient eu jusques-là pour la famille royale. Elle ne se présenta que trop tôt, et servit de prétexte à la plus terrible catastrophe.

On voyait chaque jour de nouveaux émissaires des ennemis du roi se joindre aux premiers ; ils remplaçaient sur-le-champ ceux que d'autres combinaisons éloignaient de leur parti. Déjà ils ne pouvaient plus compter sur M. de Lafayette, qui, jugeant à quel point de scélératesse ils portaient leurs projets, rompit entièrement avec eux, et leur enleva Camille-Desmoulins, à qui ils substituèrent deux personnages dont les noms atrocement célèbres sont tracés en caractères de sang dans l'histoire de nos malheurs. Le premier est Marat, homme qui semblait n'être né que pour prouver jusqu'où l'esprit en démence peut porter celui qu'aucun préjugé ne contient : il vit le jour dans la misère ; le métier de charlatan fut sa première ressource. Cet homme, qui tonna depuis contre les pri--viléges, acquit celui de tuer ses semblables avec de prétendus spécifiques, en achetant une charge de médecin des écuries de M. le comte d'Artois : mais son peu de succès le laissa dans la plus grande pauvreté. Au moment de la révolution, il se fit journaliste, et ne trouva pas beaucoup plus de ressources dans cette profession, jusqu'à ce qu'il eût changé le titre de ce libelle périodique, en l'appelant l'*Ami du Peuple*. On sait ce que signifiait alors cette épithète, c'est-à-dire l'homme qui savait le mieux l'égarer sur ses véritables intérêts. Marat, atrabilaire, et qui portait dans son sein le principe de la mort qui l'aurait conduit au tombeau sans le secours des poignards, ne voyait rien que sous les couleurs les plus sinistres. Il semblait que les maux qu'il souffrait dussent être soulagés par ceux qu'il faisait endurer. Il n'avait d'autre but que de donner carrière à sa férocité naturelle; il déchirait ses victimes comme le tigre, sans penser à s'emparer de leurs dépouilles. Il aimait le sang et dédaignait l'or. Sa pauvreté fut une grande recommandation auprès de la partie indigente du peuple, qui le regardait comme son véritable ami, puisqu'il ne partageait pas avec les autres la fortune publique. Ce mépris des richesses lui donnait une extrême indépendance des meneurs. Ne prétendant à rien, il s'embarrassait peu de leur plaire; et n'ayant d'autre projet que d'être prôné par la multitude, peu lui importait ce que deviendraient les autres factions. Il se trouva chef de la plus atroce de toutes, presque sans s'en être douté, sans avoir recueilli d'autre fruit de ses crimes que la célébrité et une mort prématurée. Si un médecin habile eût entrepris de le traiter, s'il eût calmé l'effervescence de son sang, l'eût fait circuler, il eût peut-être été un honnête homme. Je l'ai dit bien des fois, et ne cesserai de le répéter ; l'homme méchant est un fou, que l'on empêcherait de se livrer au crime en le guérissant. Quoi qu'il en soit, le parti anarchique s'empara facilement de cet énergumène, qui, croyant servir la cause de la liberté dont il était idolâtre, s'attacha à un prince qu'il était loin d'imaginer en être le plus mortel ennemi.

Un autre conjuré que la faction d'Orléans s'associa, fut Danton. Avec la même doctrine de Marat, leurs principes étaient très-différens. L'un était, comme nous l'avons déjà dit, du plus parfait désintéressement ; l'autre joignait à la soif du sang celle de l'or. Rien ne pouvait contenter son insatiabilité. Aussi trouva-t-il le moyen de changer sa misère contre une opulence dont sa mort seule tarit la source. Marat voulait s'entourer d'échafauds, Danton voulait l'être par des monceaux de richesses. Tous deux firent des maux incalculables à la patrie : tous deux durent leur première existence politique au parti d'Orléans. Ces deux hommes continuèrent à calomnier les membres probes de l'assemblée, à aigrir le peuple contre la cour, ou à former des projets violens contre le roi et la famille royale. M. d'Estaing, qui était alors commandant, non-seulement de la garde nationale de Versailles, mais même de toute la force armée qui se trouvait dans l'enceinte de la ville, représenta à la municipalité que les gardes-du-corps, les suisses et la garde nationale ne suffisant pas pour le service que les circonstances rendaient fort pénible, dans un moment où tout faisait craindre que les factieux n'égarassent le peuple de Paris, au point de le porter à venir à Versailles insulter la famille royale, il croyait nécessaire de demander un régiment de plus. La municipalité y consentit sans difficulté, ainsi que l'assemblée nationale; et le roi donna ordre au régiment de Flandre de se rendre sur-le-champ à Versailles. On ne portait point encore universellement la cocarde nationale; et quoique le roi l'eût acceptée à l'Hôtel-de-Ville, les troupes gardaient encore la cocarde blanche. La noire était proscrite comme un signe de ralliement antirévolutionnaire.

Au moment où le régiment de Flandre allait entrer à Versailles, un officier de la garde nationale de cette ville vint à sa rencontre, et présenta au lieutenant-colonel une boîte remplie de cocardes aux trois couleurs. Cet officier demanda à sa troupe si elle voulait faire cet échange; mais ils crièrent tous: *Vive le roi! point d'autre couleur que celle de France.* Et le régiment n'entra pas moins sans la plus légère résistance.

Il était d'usage que les régimens des différentes troupes du royaume donnassent un repas de corps à celui qui arrivait dans une garnison. Il fut donc convenu que les gardes-du-corps traiteraient le régiment de Flandre. Le roi leur prêta, pour le repas, la salle de l'Opéra, où l'on dressa une table de trois cents couverts. Rien n'était mieux ordonné et d'une plus noble simplicité que ce repas. La musique du régiment de Flandre et les trompettes des gardes-du-corps remplirent l'orchestre, et on exécuta différens airs, et, malheureusement, celui de *Richard, ô mon roi! etc....*; ce que l'on regarda comme une preuve que le roi se croyait abandonné de ses anciens amis, et en cherchait d'autres parmi les convives.

Cette première imprudence fut suivie d'une autre, qui eut les plus funestes conséquences, et qui, cependant, avec des hommes moins prévenus, ou plutôt moins intéressés à trouver des torts à ceux qu'ils voulaient perdre, n'eût été regardée que comme une marque de bonté, que, deux ans avant, toutes les gazettes eussent célébrée avec emphase. C'est ainsi que les circonstances changent seules la nature des actions qui sont indifférentes en elles-mêmes.

Au milieu du repas, le roi, la reine, madame Elisabeth, Madame, et monsieur le Dauphin, parurent sur l'amphithéâtre. On ne peut exprimer la joie que leur présence inspira; et malheur à ceux qui y peuvent voir un crime! Est-il donc étonnant que les troupes qui, jusques-là, étaient accoutumées à regarder le roi comme leur chef, fussent infiniment sensibles à la part que lui et sa famille prenaient à une réunion qui certainement n'avait rien d'extraordinaire, si on veut la juger sans prévention?

Des santés furent portées aux acclamations de vive le roi, vive la reine, vive M. le Dauphin. Au moment où les princes se retirèrent, les soldats les suivirent, en escaladant l'amphithéâtre. Le roi, touché de ces marques d'attachement, rentra dans la salle avec la reine, tenant son fils par la main, et ils firent le tour de la table ; et quand ils sortirent, tout se précipita sur leurs pas. La musique se porta dans la cour de marbre, et les grenadiers exécutèrent le simulacre de l'assaut du balcon, où la famille royale parut ; puis, on dansa une partie de la nuit, sans que la tranquillité fût troublée un instant par cette fête, qui coûta ensuite tant de sang et de larmes.

Qu'il me soit permis d'examiner avec la plus scrupuleuse impartialité la conduite de la cour dans cet instant. Les rois sont hommes, et, par conséquent, leur intérêt les dirige. Dans un moment où tout paraissait abandonner Louis XVI et sa famille, n'était-il pas dans la nature qu'ils s'attachassent avec transport à la branche tutélaire qui leur était offerte, pour les retirer des périls dont ils étaient menacés ? Quelle est la mère qui, tremblant pour les jours de ses enfans, ne donnerait pas tous les témoignages de reconnaissance à ceux qui s'offriraient pour les défendre ? Il ne s'agissait pas ici de renverser ce qui s'établissait, mais d'empêcher que le torrent révolutionnaire ne les engloutît. Ce n'était pas avec deux mille hommes de troupes qu'on pouvait faire la contre-révolution ; mais, en s'assurant de leur fidélité, ils pouvaient au moins les considérer comme un rempart impénétrable aux poignards de leurs ennemis. Comment peut-on donc blâmer la reine d'avoir employé, pour intéresser ceux qu'elle regardait comme les seuls défenseurs de ses enfans, cette séduction de sentiment, qu'il n'est aucune mère, je le répète, qui n'eût tenté pour la sûreté de ce qui lui était si cher ? Qu'on ait dit que l'on avait profité de l'enthousiasme des officiers et des soldats, pour leur faire jurer haine aux ennemis de l'ancien gouvernement, il faut leur répondre, avec un écrivain de nos jours : Ce n'est pas quand on est heureux, qu'on peut haïr ; et jamais ceux qui assistèrent à cette fête, et ceux qui la donnèrent, n'avaient joui d'une félicité plus pure et mieux sentie.

Quant à l'accusation d'avoir foulé aux pieds le signe de la liberté, comme elle ne fut pas même articulée dans la séance où l'on dénonça ce repas, il est bien à présumer qu'elle est fausse; mais je n'en dirai pas moins que, quelque naturel qu'ait été le sentiment qui porta la reine à paraître avec sa famille à ce repas, il aurait été plus prudent de s'en dispenser. En général, cette faute a été commise dans toute la France par ceux qui redoutaient les effets de l'envie que leur ancienne grandeur inspirait. Tous ont cru qu'en se rapprochant des autres classes par des fêtes, ils se concilieraient l'amour du peuple; et presque tous ont été accusés d'avoir voulu le corrompre. Une des raisons de ces accusations, a été aussi une de celles qui ont le plus contribué aux calomnies répandues sur cette réunion : c'est qu'il est difficile de ne pas oublier quelqu'un dans ces banquets; alors, celui qui ne s'y est pas trouvé, invente, pour se venger, tout ce que la basse jalousie peut lui dicter. C'est ainsi que les gardes-du-corps firent une grande faute en invitant M. d'Estaing et trente officiers de la garde nationale ; il ne fallait en prier aucun ou les prier tous. Du nombre de ceux qui ne se trouvèrent pas à ce festin, fut Lecointre, de Versailles, si connu depuis par des motions incendiaires. Il n'est pas douteux qu'un tel homme n'ait envenimé tout ce qui s'était passé dans cette fête : il l'eût certainement exaltée si on l'y avait admis. Et ainsi le sort du premier roi de la terre a tenu, peut-être à ce qu'un marchand de toile, devenu capitaine, n'a pas été prié à dîner par ses gardes-du-corps. Oh! que les évènemens les plus importans paraissent petits, si on examine les causes qui les ont produits !

Ce repas avait eu lieu le 1er. octobre 1789. Il y eut encore, les jours suivans, des réunions moins nombreuses, mais aussi amicales, entre les corps qui, voulant que les pauvres se sentissent de ces fêtes, remirent une somme de six mille livres aux curés de Versailles, pour faire des distributions de pain ; et elles commencèrent le 6 au matin.

Cependant, depuis le 3, il y avait à Paris une fermentation bien alarmante. On racontait de mille manières ce qui s'était passé au repas des gardes-du-corps, et on faisait dans le jardin du Palais-Royal les motions les plus sanguinaires et les plus atroces. Les amis, les parens des gardes-du-corps en furent alarmés, leur en firent passer l'avis, et les pressèrent de quitter Versailles. Ils répondirent : Nous ne croyons pas cette nouvelle ; mais si elle était vraie, ce serait une raison de plus pour rester ; nous périrons à notre poste. Combien depuis ont fait ce serment ! combien l'ont violé ! Mais celui de ces braves gens était écrit dans leurs cœurs, et rien n'a pu le leur faire enfreindre.

Avant de commencer le récit de cette triste journée, je prie d'observer que je ne fais point l'apologie des sentimens politiques de ceux qui y périrent, mais de leur fidélité à remplir leurs engagemens avec un maître qu'ils aimaient et respectaient, que l'assemblée nationale venait de reconnaître de nouveau pour le chef suprême de l'empire, dont elle avait décrété l'inviolabilité, et dont les gardes, par conséquent, devaient répandre jusqu'à la dernière goutte de leur sang pour conserver les jours et ceux de sa famille. C'est ce qu'ils ont fait avec une constance héroïque, et ce que la postérité admirera, parce que rien n'est plus digne de l'estime et de la vénération de ceux qui jugent sans passion, que de remplir ses devoirs, quelque danger qu'il puisse y avoir à ne point y manquer.

M. de Lafayette était très-inquiet des mouvemens qu'il voyait dans les troupes du centre, où il avait incorporé les gardes-françaises. Cependant, il se flatta de les contenir, et que les cris : *à Versailles! à Versailles!* qui avaient retenti au Palais-Royal, n'auraient pas de suites funestes. Je ne sais si les ministres en furent instruits ; mais il faut penser que s'ils le furent, ils ne crurent point que le peuple de Paris se porterait à cette extrémité, car ils ne prirent aucune précaution pour garantir le roi de la fureur du peuple, que l'on attisait sans cesse, et par les rapports mensongers du repas des gardes-du-corps, et en se plaignant du retard que le roi mettait à sanctionner les décrets de la nuit du 3 au 4 août, et, surtout, en empêchant de fournir du pain. Le 4, on put à peine s'en procurer. Plusieurs mères de famille, après avoir attendu inutilement à la porte des boulangers, rentrèrent dans leurs maisons sans avoir pu en obtenir. Il faut être mère, et avoir entendu ses enfans demander du pain, que l'on ne peut leur donner, pour savoir à quel point de désespoir porte ce malheur. Il n'en est point de celui-là comme de beaucoup d'autres, que le temps aggrave, et dont on ne sent pas à l'instant toute l'étendue; mais des enfans qui ont faim, et qui, par des cris répétés, demandent à manger, il semble que chaque son qui part de leur poitrine desséchée par le besoin, est une pointe de poignard qui vient frapper le cœur de leur mère. Elle n'y peut résister, et sa douleur la rend capable de tout, parce qu'elle ne voit rien, ne sent rien, que l'impérieuse loi de la nature, qui lui commande de ne pas laisser périr ceux qui lui doivent le jour.

Ce fut par cet horrible moyen que les factieux ameutirent, dans la matinée du 5, les femmes des halles et des faubourgs, qui vinrent à la commune demander du pain. Un nommé Maillard, huissier, agent subalterne des agitateurs, entend leurs cris, et qu'elles disaient qu'elles allaient mettre l'Hôtel-de-Ville en cendres, et ensuite aller à Versailles. Ce Maillard dit à M. Dermini, aide major-général, que, s'il le veut, il conduira toutes ces femmes à Versailles. « Faites tout ce que vous voudrez, leur dit-il ; je ne veux pas prendre sur moi de vous donner un pareil ordre ».

Aussitôt Maillard prend un tambour et les range en bataille. Elles s'arment toutes de ce qu'elles rencontrent sous leurs mains ; beaucoup d'hommes habillés en femmes se joignent à elles. La célèbre Terouëgue, montée, à ce qu'on dit, sur un cheval de l'écurie de M. le duc d'Orléans, et suivie d'un jockei du prince, voltigeait dans les rangs, excitant du geste et de la voix ces êtres exaspérés par le besoin et les calomnies qu'on n'avait cessé de répandre contre les gardes. M. de la Lafayette fait l'impossible pour les détourner de leur funeste projet ; mais lui-même est contraint, par ses grenadiers, de promettre qu'il va se mettre à la tête de la garde nationale de Paris, et les conduire à Versailles pour appuyer la demande de ces femmes, qui n'est rien autre que du pain. Il céda, dans l'espoir que la confiance que l'on avait en lui contiendrait cette multitude.

Cette singulière armée se met en marche, et recrute sur son passage toutes les femmes qu'elles rencontrent. Plus elles sont parées, plus on se plaît à leur faire parcourir à pied les quatre lieues de Paris à Versailles, par le temps le plus déplorable. Des brigands armés de haches, de piques, et de mauvais fusils, les escortent, et excitent les malheureuses qu'ils conduisent, par les propos les plus atroces, à mettre le comble aux vœux des scélérats qui les soudoient.

Cette horde était déjà à une demi-lieue de Versailles, que le roi n'était encore instruit de rien. Enfin, on vint lui apporter à Meudon, où il s'était rendu le matin, une lettre de M. de Saint-Priest, qui l'avertissait que les femmes des faubourgs venaient demander du pain. Plusieurs personnes qui arrivaient de Paris, au même instant, rendirent compte au roi de tout ce qui s'était passé depuis le 4, et de ce que l'on projetait, et le supplièrent de mettre, par la fuite, sa vie en sûreté. Ses plus fidèles serviteurs se jettent à ses genoux, pour l'empêcher de se rendre à Versailles. Les amis de d'Orléans lui conseillaient aussi de s'éloigner : malgré la diversité des motifs, leur conduite à ce moment fut la même. Les uns craignaient que le roi n'exposât sa vie en retournant à Versailles ; les autres voulaient qu'il leur laissât, en n'y retournant pas, le champ libre pour placer sur le trône qu'il abandonnerait, le chef de leur infernale cabale.

Mais le roi avait laissé à Versailles la reine et ses enfans : rien n'aurait pu le déterminer à les abandonner, s'il avait imaginé qu'il y eût quelque danger. Sa réponse prouve assez qu'il ne croyait pas qu'il y en eût, et qu'il n'était qu'affligé du motif apparent de cette émeute : « *Messieurs, M. de Saint-Priest m'écrit qu'il y a eu du mouvement à la halle, et que les femmes de Paris viennent me demander du pain. Helas !* ajouta-t-il, *en laissant couler quelques larmes, si j'en avais, je n'attendrais pas qu'elles vinssent m'en demander: allons leur parler* »; et montant à cheval, il vint ventre à terre de Meudon à Versailles. En arrivant, il entendit battre la générale : quatre détachemens des gardes-du-corps allaient au-devant du roi. A peine il eut mis pied à terre, que M. de Luxembourg lui demanda s'il n'avait point d'ordres à donner pour ses gardes. — *Allons donc, pour des femmes, vous vous moquez de moi, M. de Luxembourg.* — Et pour vos voitures ? demanda le chevalier de Goursac. — Je n'en ai pas besoin.

Dès que madame de Lamballe eut appris que l'on se portait sur Versailles, elle se disposa sur-le-champ à s'y rendre. M. le duc de Penthièvre l'ayant su, entra chez elle au moment où elle en sortait, et la supplia de l'écouter un instant : elle obéit, non sans peine, car les momens lui sont chers, et elle redoute d'en perdre. M. le duc de Penthièvre s'asseoit, et fait signe à la princesse de se placer à côté de lui.

« Ma chère fille, lui dit-il, personne au monde ne partage aussi vivement que moi l'affreuse situation du roi et de la reine. Mais que pourrez-vous faire pour eux dans un moment où une foule immense environne les avenues de Versailles ? Si j'étais plus jeune, je monterais à cheval, et je trouverais bien les moyens de pénétrer jusqu'à la famille royale ; mais mon âge et mes infirmités ne me le permettent pas. Et vous, ma fille, comment vous risqueriez-vous à traverser cette innombrable phalange de femmes, qui ne respectent rien, qui se jeteront sur votre voiture, qui vous forceront d'en descendre, comme elles ont fait à tant d'autres, et profiteront de la démarche que votre attachement vous suggère pour vous contraindre à vous joindre à elles ? Nous ne pouvons nous dissimuler que les agens du plus cruel ennemi de la reine sont à la tête de cette nouvelle insurrection ; ils seront les premiers à vous signaler au peuple, qui assouvira peut-être sur vous la haine qu'on lui a inspirée contre notre souveraine. Pensez, mon enfant, ce que c'est que de tomber dans les mains de ces furies. A cette seule idée, mon âme se glace d'effroi. Ah ! ne me livrez pas, je vous en conjure, par l'attachement que vous m'avez toujours témoigné depuis que vous êtes en France, par la tendresse si vive que j'ai pour vous, que je ne distingue pas dans mon cœur de ma malheureuse fille ; ne me livrez pas à l'effroi que je ressentirais : dès l'instant où vous seriez partie, je n'aurais pas une goutte de sang dans les veines : je ne verrais pas arriver un seul homme dans les cours de ma maison, que je croirais qu'il vient m'annoncer que vous avez été la victime de ces barbares, et votre perte m'entraînerait au tombeau. J'ai tant souffert depuis six mois, que je ne résisterais pas à de nouvelles douleurs, et votre mort, ma chère fille, entraînerait la mienne. Vous étiez la compagne chérie d'un fils que je pleure tous les jours ».

Madame de Lamballe est partagée entre son attachement pour la reine et son tendre respect pour celui qu'elle aime comme son père, et qui lui en tient lieu depuis tant d'années. Mais elle ne peut résister aux larmes qu'elle voit couler des yeux de ce respectable vieillard; elle ne peut se résoudre à empoisonner le reste des jours que le ciel lui destine pour l'édification de ses frères, ou plutôt pour le réserver à des malheurs bien plus cruels encore, afin que cette âme céleste, après avoir passé par le creuset de l'affliction, parvienne à la gloire céleste, aussi pure qu'elle est sortie des mains du Créateur; madame de Lamballe, dis-je, vaincue par les instances de M. de Penthièvre, consentit à rester près de lui pendant ces jours d'horreurs; mais il lui promit qu'elle serait instruite de quatre heures en quatre heures de la suite des évènemens, et qu'il ne s'opposerait pas qu'elle rejoignît la reine, dès qu'il serait décidé où le roi fixerait son séjour, soit qu'il restât à Versailles, ou qu'il cédât aux caprices du peuple, qui le demandait à Paris.

Cependant, à Versailles on était dans les plus vives alarmes à la vue de cette horde de femmes en furie. On ferma les grilles. Déjà cette douce confiance qui devrait rendre un roi aussi accessible à ses sujets qu'un père l'est à ses enfans, n'existait plus ; l'on avait tout à redouter des égaremens de la multitude contre un prince qui aurait donné sa vie afin de la rendre heureuse.

L'armée des femmes avait déjà atteint la salle de l'assemblée. Maillard est admis avec quelques-unes d'elles, et tient le discours suivant : « Ce matin
» on n'a pas trouvé de pain chez les
» boulangers : dans le moment du dé-
» sespoir, j'ai été sonner le tocsin ; on
» m'a arrêté, on a voulu me pendre ;
» je dois la vie aux dames qui m'ac-
» compagnent ; nous sommes venus à
» Versailles pour demander du pain,

» et en même temps pour faire punir
» les gardes-du-corps qui ont insulté
» la cocarde patriotique. Nous sommes
» de bons patriotes. Nous avons arra-
» ché toutes les cocardes noires qui se
» sont présentées à nos yeux dans Paris
» et sur la route ».

« Les aristocrates, continua Mail-
» lard, veulent nous faire périr de
» faim : on a envoyé aujourd'hui à un
» meûnier un billet de deux cents
» livres, en l'invitant à ne pas moudre,
» et en lui promettant de lui envoyer
» la même somme par semaine ». —
Nommez ! nommez ! lui crièrent les
royalistes. — Maillard hésita. Après
avoir divagué quelque temps, il répondit avec embarras : *On dit que c'est
monseigneur l'archevêque de Paris.* —
Taisez-vous, imposteur ! crièrent les
royalistes, en l'interrompant, *M. l'archevêque de Paris est incapable de cette
atrocité.* — Les femmes terminèrent le
discours de Maillard par ces cris terribles : *du pain ! du pain !* — Six députés, dont un est Monnier, se rendent
chez le roi pour lui faire part de la pétition des femmes, et lui demander son
acceptation pure et simple des décrets

des 3 et 4 août. Il eût été possible, si cette députation eût pu pénétrer dans ce même instant jusqu'au roi, que l'extrême bonté avec laquelle il l'a reçut, eût désarmé les autres. Mais, dans ce moment, une nouvelle troupe de femmes et d'hommes, sous les habits de ce sexe, arrivait de Paris, précédant l'armée de Lafayette. Ils cherchèrent à mettre en déroute les gardes du roi, qui étaient rangés en bataille, et dont la consigne était de ne point tirer ; et ces scélérats lançant des piques dans les jambes des chevaux, ils les effraient. Un garde national se jette, le sabre à la main, dans un espace entre les chevaux de la tête de l'escadron, et y cause le plus grand désordre. M. de Savonnières voulut l'arrêter, et reçut un coup de feu qui lui cassa le bras. Ses camarades bouillaient de le venger ; il leur dit : « Mes cama-
» rades, de grâce, n'oubliez pas que la
» moindre imprudence compromettrait
» les jours du roi. Ce n'est pas de moi
» qu'il faut s'occuper, c'est du roi,
» c'est de la famille royale ; puissent-ils
» échapper au danger qui les menace ! »
Il mourut des suites de ses blessures, laissant dans la désolation sa femme et

ses enfans, qu'il devait aller rejoindre le jour même où il fut tué. Son quartier était fini ; il ne fut retenu à Versailles que par l'invasion subite des brigands.

Le peuple ne cessait de lancer une grêle de pierres, et de tirer des coups de fusil, sans que cette garde qui, autrefois, avait renversé les phalanges ennemies, fît un seul mouvement pour se défendre. Ils savaient que le roi, pour qui ils exposaient leur vie, ne voulait employer d'autres armes que celles de la douceur pour ramener ces furieux ; et décidés à lui donner, jusqu'au dernier soupir, les preuves du plus sublime dévouement, ils voulaient le servir selon son cœur, en ménageant ceux qui les ménageaient si peu.

Ce fut pendant ces terribles scènes que M. Monnier et les six autres députés parvinrent à être introduits dans l'intérieur du château, avec les femmes qui les tenaient par le bras. Le roi se présente à elles et leur dit : *Vous voulez du pain, mes enfans, c'est à votre père que vous venez en demander ? croyez que son cœur saigne de votre misère, qu'il n'est rien qu'il ne fasse pour la finir, que nous nous en occupons sans cesse avec l'assemblée, et que demain Paris sera parfaitement approvisionné ; retournez à vos travaux et comptez sur ma parole.*

Les femmes furent si touchées de la sensibilité qu'il leur témoignait, qu'elles tombèrent à ses genoux, et le supplièrent de leur permettre de baiser sa main, qu'elles arrosent de leurs larmes ; et, retournant vers leurs camarades, elles crient du plus loin qu'elles peuvent se faire entendre : « *Vive le roi ! vive notre bon » roi ! demain nous aurons du pain !* — » *Ce sont des coquines !* crient les gens » du peuple ; *elles ont reçu de l'argent !* » *si elles n'apportent pas un écrit du* » *roi, il faut les faire pendre !* » L'une d'elles est aussitôt saisie par le bras, et entraînée : elle réclame le secours des gardes-du-corps. Luillier, maréchal-des-logis, la dégage et la fait rentrer dans la cour royale. Ses compagnes et elle demandent à reparaître devant le roi ; elles sont exaucées, elles en rapportent un écrit qu'elles montrent au peuple : elles lui peignent avec une telle naïveté toutes les marques de bonté dont le monarque les a comblées, que tous les cœurs semblent changés; et de toutes parts on entend le cri : *Vive le roi!*

Ce calme heureux ne dura pas longtemps : ce n'était pas le compte des agitateurs; ils n'avaient pas amené cette troupe de femmes, payé à grands frais les brigands qui l'escortaient, pour la ramener à Paris pénétrée de la bonté du roi, et célébrant ses louanges. Si, à cet instant, M. de Lafayette eût été arrivé, qu'il eût pu saisir ce moment d'enthousiasme, il leur aurait fait reprendre le chemin de la capitale; mais il n'était pas encore à Versailles, et les êtres malfaisans qui se jouaient de la misère et de la crédulité du peuple, lui eurent bientôt rendu toute sa fureur, qu'ils exercèrent contre les gardes.

Ce fut pendant ces convulsions populaires que le roi déploya une constance et un courage que ses ennemis, dans l'un et l'autre parti (car on ne peut se dissimuler qu'il y en rvait parmi ceux qui se disaient royalistes), lui refusèrent en vain. J'ai beaucoup connu un député du tiers, qui ne l'a point quitté pendant cette horrible crise, et qui m'a assuré qu'il n'avait pas montré un instant de faiblesse, quoiqu'il fût très-persuadé que l'on en voulait à ses jours. On eut beau le presser de se dérober par la fuite au malheur qui le menaçait, il fut inébranlable.

La reine, qui entendait les cris menaçans de ces cannibales, dont les horribles rugissemens retentissaient jusques dans les appartemens, ne paraissait occupée que du danger du roi et de ses enfans ; et comme on la pressait au moins de mettre sa vie en sûreté, les esprits paraissant encore plus aigris contre elle que contre Louis XVI, elle fit cette belle réponse, que M. d'Estaing, alors présent, a consignée depuis dans le procès-verbal de confrontation avec la reine, lors de son procès : *Je sais qu'ils en veulent à ma vie, mais je mourrai aux pieds de mon époux et de mes enfans, dont rien que la mort ne pourra me séparer.* — Cependant, M. Monnier, qui était sans cesse auprès de sa majesté, la détermina à accepter, purement et simplement, les articles décrétés dans la nuit du 3 au 4 août. Mais loin que cette condescendance eût l'effet qu'on s'en était promis, elle servit les projets sanguinaires de ses ennemis. Les gardes-du-corps, croyant que tout allait rentrer dans l'ordre, et ayant reçu celui de se retirer, s'ébranlèrent, et ce fut alors que l'on tomba sur eux.

Je n'entrerai point dans les détails des différens combats qu'ils eurent à soutenir jusqu'au moment où M. de Lafayette arriva. Il fit faire halte, à la hauteur de l'assemblée nationale, à son armée, qui était composée de quarante mille hommes, et lui fit renouveler le serment d'être fidèle à la nation, au roi et à la loi. Il entra ensuite à l'assemblée, où il répondit des suites de l'évènement. De-là il se rendit chez le roi; il était onze heures du soir. Il resta une demi-heure dans le cabinet de sa majesté. En partant, il dit, tout est arrangé; le roi permet que les ci-devant gardes-françaises reprennent leur poste. En effet, ils vinrent se ranger en bataille dans la cour des Ministres. On ouvrit la grille pour faciliter le passage dans les jardins. Les gardes-du-corps se retirèrent en partie chez eux; ceux qui n'avaient pu les joindre étaient dispersés dans la ville : cent seulement restèrent au château pour le service intérieur.

Le roi donna ordre à tous ceux que son danger avait appelés au château, de se retirer. Les gardes seuls restèrent ; et, d'après l'assurance que tout était tranquille, l'assemblée leva la séance. Ce fut la plus grande faute que l'on put faire dans cet instant ; cela donna la possibilité aux intrigans, dont il n'y avait qu'un trop grand nombre dans son sein, de passer le reste de la nuit à disposer les esprits au coup affreux qu'ils avaient décidé dans leur abominable conseil. Si l'assemblée n'eût pas été séparée, ils n'auraient pas osé en être si long-temps absens ; mais, tandis que les hommes probes allèrent chercher quelque repos après une journée si orageuse, ces monstres, qui ne comptaient pour rien les flots de sang qu'ils allaient faire répandre, pourvu que celui de Louis XVI s'y mêlât, parcoururent les différens groupes, répandant de l'argent, et semant la méfiance et la haine.

Pendant ce temps, M. d'Estaing et M. de Lafayette, dévoués aux assassins, furent forcés de se soustraire à une mort inévitable, qui n'eût pu sauver le roi, en restant renfermés dans leur asile. Ce n'est que de cette manière qu'on peut justifier le peu de précautions qu'ils prirent pendant cette funeste nuit, où tout fut abandonné au hasard. Les chefs les plus connus de cet affreux complot furent aperçus partout où ils pouvaient être, sans se compromettre; enfin l'on assure qu'ils se rendirent à l'église Saint-Louis, où ils forcèrent le curé à leur dire la messe. Ce fait me paraît si extraordinaire, que je crois qu'un témoin oculaire pourrait seul l'attester; et si le siècle qui vient de finir a étonné l'univers par ses crimes, je ne crois pas cependant que l'on puisse compter parmi eux l'hypocrisie et la superstition. Presque tous les conjurés étaient athées : comment auraient-ils, dans l'ombre du mystère, adressé des prières à celui dont ils ne reconnaissaient pas la puissance ? Je ne regarde donc ce rapport que comme une fable, ou plutôt comme un évènement fortuit. Il est certain que ce fut dans l'église Saint-Louis que se réunirent ces hommes : il est possible, et même probable, que cet instant fut celui de la première messe, et que, pour ne pas donner de soupçon, ils feignirent de prendre part au sacrifice de nos autels. Mais dire qu'ils le firent célébrer en leur nom, voilà, je le répète, ce que je ne puis croire.

Cependant le signal du carnage est donné. Qui pourrait tracer cette scène d'horreur ? Quelle est la plume capable de peindre l'héroïsme de ces hommes qui se dévouèrent à une mort certaine pour sauver la vie de ceux que l'honneur leur confie ? Ah ! que ne puis-je rappeler ici le nom de tous ceux des gardes qui, par leur tranquille courage, empêchèrent le plus horrible des crimes ! mais ils sont consignés dans les annales de la vertu, et la postérité ne les lira pas sans attendrissement. La première victime des forcenés qui attaquèrent le château, se nommait Des-Huttes. Il tomba percé de mille coups ; et un des brigands, connu sous le nom de *la Grande-Barbe*, lui coupa la tête. Fiers de ce meurtre, ils arrivent à l'escalier de marbre : les uns se portent à l'appartement du roi, les autres assiégent celui de la reine ; tous les gardes font un rempart de leur corps, et disputent le terrain pied à pied. Enfin, voyant que la porte de l'appartement de la reine va être forcée, ils crient : *sauvez-vous ! sauvez-vous !* et cette princesse infortunée n'eut que le temps de fuir par un dégagement qui communiquait de son appartement à celui du roi, qui, la voyant entrer à demi-vêtue, et dans le désordre qu'un tel réveil devait causer, ne peut retenir ses larmes; et la serrant contre son cœur : —Ah! madame, que votre attachement pour moi vous fait de mal! — Qu'ils respectent vos jours, répond-elle, et ceux de mes enfans, et je mourrai satisfaite. — On envoie chercher les enfans de France, que madame de Tourzel amène : madame Élisabeth rejoint aussi cette famille infortunée. Hélas! leur sort était de ne jamais se séparer. Cependant le sang continue à couler, et partout l'héroïsme en butte à la plus basse scélératesse, succombe sous le nombre contre lequel la valeur est inutile. Les brigands, maîtres du château, arrivent enfin dans l'œil-de-bœuf : parmi eux se trouvaient des grenadiers des gardes-françaises, qui, abusés par des rapports insidieux, regardaient les gardes-du-corps comme des conspirateurs. Ils veulent cependant s'assurer, par eux-mêmes, si on ne les a pas trompés; et, contenant cette troupe de forcenés, ils frappent à la porte que les gardes-du-corps tenaient encore fermée.

Chevannes, Vaulabelle et Mondollot

s'approchent, et crient : qui frappe ? — Grenadiers. — Que voulez-vous ? — Que vous preniez la cocarde nationale. — Nous avons la cocarde uniforme, telle que nous l'avons toujours portée. — On nous a trompés, et tout Paris croit que vous portez la cocarde noire. Ce dialogue fini, Chevannes ouvre la porte, se présente seul, avec une intrépidité héroïque, à ces grenadiers, et leur dit : « Messieurs,
» est-ce une victime qu'il vous faut ? la
» voici ; je m'offre : je suis un des com-
» mandans du poste ; c'est à moi qu'ap-
» partient l'honneur de périr le premier
» pour la défense de mon roi ; mais,
» pour Dieu ! sachez donc le respecter,
» ce bon roi ». Ces paroles, l'air dont elles sont prononcées, touchent le commandant des grenadiers ; il tend la main à Chevannes, et lui dit d'un ton pénétré : « Loin d'en vouloir à votre vie, nous
» venons vous défendre contre vos as-
» sassins ». Au même moment, tous les grenadiers s'élancent dans les bras des gardes-du-corps, les serrent affectueusement dans les leurs et les arrosent de leurs larmes, et ne trouvent point d'expressions pour rendre ce qu'ils sentent. Ce fut pour ces infortunés gardes un beau

moment dans ces journées d'horreur. On s'embrasse de nouveau, on se prodigue naturellement le nom d'amis, de camarades : la paix est faite.

Je ne tracerai point les scènes sanglantes qui se passaient encore au dehors. Enfin, M. de Lafayette parut; et, ralliant les grenadiers, il leur cria, en voyant des gardes-du-corps qui étaient tombés dans les mains de cette multitude égarée, et allaient être leurs victimes : « Braves grenadiers, leur dit-il, » souffrirez-vous que de braves gens » soient lâchement assassinés ? Jurez-» moi, foi de grenadiers, que vous ne » souffrirez pas qu'il leur soit fait aucun » mal ». Les grenadiers, qui n'avaient pas besoin de cette harangue, foncent, pour toute réponse, sur les assassins, les dispersent, mettent les gardes au milieu d'eux, et les conduisent sains et saufs dans la cour des Ministres.

Le roi, pénétré de la plus vive douleur de voir massacrer sous ses yeux ses plus fidèles serviteurs, sans réfléchir aux dangers qui le menaçaient, s'élance sur son balcon, demande la vie de ses gardes, qui, pénétrés de reconnaissance de cette action du roi, se portent en foule auprès de lui, en agitant leurs chapeaux où ils avaient attaché des cocardes aux trois couleurs, crièrent vive la nation. On demande la reine ; elle se présente aussi. Monnier lui donnait le bras. Le député dont j'ai parlé plus haut soutenait madame Élisabeth. Il m'a assuré qu'à ce moment il avait tremblé que les scélérats ne fissent feu sur ces augustes personnes ; mais qu'il se consolait en disant que, mourant avec eux, on ne pourrait pas l'accuser d'avoir eu part à cette affreuse journée.

Cependant, le peuple répondit par des cris d'allégresse aux marques de confiance que le roi et sa famille lui donnaient ; et tout pouvait faire espérer que cette horrible tempête allait finir, et laisser enfin reposer ces malheureuses victimes d'un rang qui leur a coûté si cher. Mais les monstres qui voulaient les forcer jusques dans leur dernier retranchement, firent encore donner une nouvelle direction à ce flux et reflux de passions forcenées. Les cris recommencent : on ne veut plus attenter aux jours de Louis XVI. C'eût été inutilement que l'on eût voulu porter le peuple à cet attentat ; l'attendrissement avait succédé à la fureur : alors, on se sert des sentimens d'amour que la présence du roi avait rappelés dans le cœur du peuple, pour lui suggérer de l'emmener à Paris. Ce sont des enfans qui ont trouvé leur père, et qui ne veulent pas s'en séparer. On le demande d'abord avec l'enthousiasme du sentiment ; mais, dès que l'on ne paraît pas se rendre sur-le-champ à leurs vœux, ils insistent ; ils obtiendront par la force ce qui n'est pas accordé à leur affection. Le tumulte recommence. — Le roi demanda à l'assemblée de venir se joindre à lui ; on ne se rendit pas à ses vœux. Ses amis le pressèrent encore de se soustraire aux sanguinaires caprices du peuple. Il réfléchit un instant, et dit : *Non, il ne faut pas exposer la vie de plusieurs pour en sauver une seule ; j'irai à Paris.* — On ne laisse qu'une heure pour les préparatifs ; et le roi, la reine, madame Elisabeth, les enfans de France, et madame de Tourzel, montent en voiture.

J'épargnerai aux âmes sensibles les tristes détails de cette route si longue et si douloureuse, où le roi et sa famille furent tour-à-tour l'objet de l'affection et de la haine de ce peuple qui jouissait avec une joie cruelle de l'avoir asservi à sa volonté. Tantôt on entendait des acclamations d'amour pour ces illustres captifs; tantôt on se permettait, sur la reine, aux portières de sa voiture, des propos si indécens, que je croirais manquer aux premières maximes de la pudeur, si je me permettais d'en rapporter aucun.

Mais ce n'était pas là ce qui affligeait le plus sensiblement leurs majestés ; ils savaient que la multitude, semblable aux échos, répète les sons dont on frappe ses oreilles : ce qui déchirait leurs cœurs, c'était l'état douloureux où se trouvait le détachement de leurs gardes presque tous désarmés, la plupart tête nue, quelques-uns grièvement blessés, et tous portant sur leurs fronts les marques du plus affreux désespoir. Et comment ces braves gens n'auraient-ils pas eu le cœur navré, en voyant porter en triomphe les têtes défigurées et sanglantes de leurs malheureux camarades, enseignes dignes d'une telle armée ?

M. Necker, qui n'avait paru avoir

qu'un rôle passif dans cette déplorable journée, avait fait ouvrir un magasin à Versailles, dont on avait tiré ce qui aurait à peine suffi pour le dixième de la consommation d'un seul jour à Paris; mais le peuple, qui ne calcule jamais, croyait avoir assuré, par cet enlèvement, la subsistance pour long-temps. Quelques voitures chargées de farine suivaient le carrosse du roi, et la multitude criait : Nous avons de la farine, et le boulanger, la boulangère, et le petit mitron.

Madame de Lamballe, qui avait été instruite du départ de la reine, se trouva aux Tuileries à l'instant où cette malheureuse princesse arrivait à Paris. Mais il fallait attendre que leurs majestés fussent revenues de l'Hôtel-de-Ville, où Moreau de Saint-Méri et Bailly prononcèrent de forts longs discours, sans réfléchir que le roi et sa famille avaient passé la journée la plus terrible, et n'avaient pris aucune nourriture depuis le lever du soleil; et il était six heures du soir. Le roi répondit à ce dernier, qu'il venait dans sa bonne ville de Paris, avec joie *et avec confiance*. La foule immense qui remplissait la salle, le bruit qu'on y faisait, empêchèrent qu'on entendît le roi, dont la voix était affaiblie par la lassitude et la douleur. Bailly se tournant vers le peuple, lui cria : *Le roi m'ordonne de vous dire qu'il vient avec joie dans sa bonne ville de Paris.* La reine, élevant la voix, fit entendre ces mots qu'elle adressa à Bailly : *Vous oubliez, monsieur, que le roi a dit aussi, et avec confiance.* Bailly, se tournant de nouveau vers le peuple, lui dit : *Vous l'entendez, messieurs ; vous êtes plus heureux que si je l'eusse dit moi-même.*

Enfin, il leur fut libre de venir se reposer aux Tuileries, où cependant rien n'était prêt pour les recevoir. Dès que la reine aperçut madame de Lamballe, elle se jeta dans ses bras. — Tout est perdu, mon amie ; ce palais est la prison d'où nous ne sortirons que pour aller à la mort. — Dieu ! est-il possible, reprit la princesse, que vous ayez ces cruelles idées ? — Ah ! je l'ai vue de trop près cette mort que l'on redoute tant, pour la craindre à présent, car je l'ai vue horrible. Je me suis crue au moment d'être déchirée par ces cannibales, qui ont bu le sang de nos gardes. Ah ! mon amie, jamais, jamais cette journée-là ne s'effacera de ma mémoire. Toujours, toujours je verrai ces malheureux qui expiraient sous les coups de ces monstres, pour prix de leur fidélité. J'entendrai sans cesse leurs cris douloureux, et les rugissemens de leurs bourreaux. Non, non, il n'est plus pour nous de bonheur à attendre ; ces horribles scènes se répéteront sans cesse.

Madame de Lamballe, le cœur serré de douleur, écoutait avec la plus vive émotion ces tristes paroles de la reine. En vain cherchait-elle des motifs de la rassurer, lorsque tout lui faisait craindre pour son amie. Cependant, elle la pressait de penser à réparer ses forces épuisées. Le pauvre petit dauphin dormait dans les bras de madame de Tourzel ; et ce sommeil si doux, si paisible, de l'enfance, semblait agité par la terreur que tout ce qu'il avait entendu dans cette funeste journée lui avait causée. Pauvre petit, tu n'as pas encore joui des plaisirs de la vie, et déjà le malheur imprime sur ton front les marques de l'effroi et de la douleur ! Madame, dont la raison, comme je l'ai dit, avait bien devancé les années, cherchait à dissimuler aux auteurs de ses jours le chagrin qu'elle éprouvait ; des larmes bordaient sa paupière. Mais déjà digne du grand caractère de sa mère et de son aïeule, elle sait se contraindre, et opposer la fermeté aux revers. Elle cherche, par ses douces caresses, à consoler un père et une mère qu'elle idolâtre.

Madame de Lamballe ne peut regarder ces enfans qui lui sont si chers, par la vive amitié qui l'unit à la reine, et par leurs grâces naïves, sans en être attendrie. Elle ne comprend pas comment leur seule présence n'a pas désarmé cette horde de barbares. Mais si l'on se rappelle que lorsque la reine parut sur le balcon, on cria : Point d'enfans ! point d'enfans ! on sentira aisément que ce cri n'avait pu partir que des forcenés qui redoutaient les sentimens de pitié que ces faibles rejetons d'un arbre, jadis l'ornement de la terre qui l'avait vu naître, inspireraient. Ils cherchaient donc à les soustraire aux regards du peuple, qu'ils n'eussent pas alors trouvé disposé à suivre leurs sanguinaires projets.

Le roi et la reine, après un léger repas qui leur était bien nécessaire, se-

livrèrent au sommeil, seul bien des infortunés, qui suspend leurs souffrances et leur donne la force de les supporter. Avant que la reine se couchât, elle fit promettre à madame de Lamballe de la venir voir le lendemain pour lui dire mille choses, dont le trouble qu'elle éprouvait ne lui permettait pas de s'occuper. Madame de Lamballe lui répéta ce qu'elle lui avait déjà dit à Marly, que rien ne la séparerait d'elle, que plus elle était infortunée, plus elle acquérait de droits à son attachement. La reine l'embrassa tendrement, et reçut ses adieux.

Ce fut très-peu de jours après que le roi, intimément persuadé que le duc d'Orléans était l'instigateur de la journée du 6, résolut, à quelque prix que ce fût, de l'éloigner. On se rappelle la phrase insignifiante du duc d'Orléans, lorsqu'il vint trouver le roi dans la salle du conseil. On s'en servit pour le charger d'une mission en Angleterre, où, suivant les apparences, M. le comte de Luzerne, notre ambassadeur, devait surveiller sa conduite. Le mémoire instructif que remit au prince M. le comte de Montmorin, et qui a paru dans l'ouvrage déjà cité, sous le titre de *Correspondance de d'Orléans*, prouve évidemment les vues de la cour. On ne donne au duc aucun caractère ; on ne le charge que d'une sorte d'espionage ; mais, surtout, on se plaît à flatter son ambition par la souveraineté de la Belgique, dont on lui laisse entrevoir la possibilité de se revêtir avec l'agrément du roi et de l'empereur. Rien ne prouve plus la nullité de ceux qui composaient le conseil du roi à cette époque, que cette apparence de confiance donnée à l'homme qui la méritait le moins. D'ailleurs, il faut avoir bien peu de connaissance du cœur humain pour imaginer que celui dont toutes les actions prouvaient qu'il aspirait au trône de France, voulût se contenter d'un rôle secondaire de prince souverain de la Belgique. On pouvait donc être assuré que s'il avait demandé à aller en Angleterre, ce ne pouvait être que pour tramer, avec le cabinet de Saint-James, les complots qui désolèrent notre patrie, et dont il finit par être la victime. Qui ne voit que dans cette négociation, le cabinet de Versailles trompait d'Orléans, d'Orléans tramait la ruine de la branche régnante ; et Pitt, plus habile que les deux premiers, se servit de Philippe, pour produire en France la plus terrible crise que la nation ait jamais éprouvée, qu'onze ans d'angoisses, de terreur, de sang et de larmes ont à peine terminée.

Dans les contrées brûlantes de l'Ethiopie, quand un tigre affamé paraît dans les environs de la vallée, où les troupeaux réunis paissent tranquillement l'herbe rafraîchie par une source bienfaisante, l'alarme se répand aussitôt ; le berger, tremblant pour ses jours et pour ceux de ces timides animaux qui sont confiés à ses soins, cherche tous les moyens de l'éloigner, et, s'il y réussit, le calme et le repos reviennent habiter dans son cœur. Tel fut le roi et sa famille au moment du départ du duc d'Orléans ; il semblait que jamais il ne repasserait le court trajet de mer qui sépare l'Angleterre de la France, ou, du moins, on se flattait que son absence donnerait le temps de ramener les esprits, que la multitude, qui n'est frappée, ainsi que les enfans, que de l'objet présent, ne voyant plus le duc d'Orléans, l'oublierait ; et tournant ses yeux vers une famille qui avait été si long-temps l'objet de sa vénération, reprendrait pour elle les sentimens d'attachement et de confiance, d'où dépendait le soutien de l'empire, sous la forme que lui avait donnée la constitution.

Bientôt ce que l'on avait espéré se réalisa ; les Parisiens, naturellement bons et sensibles quand on ne les égare pas, revirent avec transport leurs princes habiter parmi eux. Ils ne paraissaient pas en public sans être couverts d'applaudissemens et de témoignages d'amour et de respect. La reine employait l'art de plaire qu'elle avait reçu de la nature, pour se faire des partisans. Sans cesse entourée de ses enfans, on ne la voyait pas sans attendrissement : le souvenir des injures qu'elle evait souffertes, augmentait l'intérêt qu'elle inspirait. Il semblait que le peuple voulait la dédommager des maux qu'il lui avait causés. On partageait ses sentimens entre elle et madame Elisabeth, dont les vertus sublimes réunissaient pour elle toutes les voix.

Madame de Lamballe se livrait au

doux espoir qui luisait à cette famille infortunée; et son assiduité auprès de la reine, dans un temps où elle n'avait rien à en attendre, prouvait assez l'extrême différence qui existait entre elle et les faux amis de la reine, qui avaient abandonné sa majesté. Bientôt la cour prit un aspect différent; le roi se trouva entouré de tous les gentilshommes qui étaient restés à Paris. Il ne fallait plus de preuves pour approcher de sa personne; et en multipliant ceux qui l'environnaient, il doublait ses amis et ses défenseurs, qui sûrement l'auraient empêché de tomber dans l'abîme de maux où sa confiance l'a entraîné, s'il n'avait pas voulu prouver à quel point il tenait à la constitution qu'il avait jurée, et qu'on l'a si calomnieusement accusé d'avoir trahie.

Une des sources de la félicité publique fut le retour de l'abondance. Par une des bizarreries humaines, ce fut au duc d'Orléans qu'on la dut. Comment se peut-il faire que l'homme qui avait fait tout le mal, fût si empressé à le réparer? Faut-il dire avec ceux qui croient être bien instruits, qu'il en avait donné sa parole au roi, qui l'ayant convaincu d'être l'auteur des journées des 5 et 6 octobre, ne lui avait promis l'oubli d'un tort aussi grave, qu'à la condition d'arrêter les progrès de la famine, en faisant ouvrir ses greniers en Angleterre.

Mais si la crainte lui avait fait faire cette promesse, une fois arrivé dans une terre étrangère, elle ne devait plus avoir d'empire sur lui. Ainsi, on est forcé de convenir que ce fut une action loyale de sa part; ce qui prouve que, s'il n'eût pas été obsédé par des hommes qui ne respiraient que le crime et qui l'y entraînaient, pour faire servir son crédit et ses richesses à l'exécution de son complot, il eût été susceptible d'un retour à la vertu. J'aime à croire que dans ce moment il en sentit la douceur. Ah! pourquoi n'est-il pas resté dans cette disposition? Enfin, quelque fût son motif dans le moment dont je parle, il sauva la France. Sa faction, cependant, agissait toujours en son nom; mais n'ayant plus l'argent qu'il répandait pendant son séjour à Paris, elle ne put organiser ces grandes insurrections qui avaient failli deux fois de renverser le trône.

D'ailleurs, M. de Lafayette et Bailly, qui en étaient las, demandèrent et obtinrent la loi martiale ; loi qui eût été une arme bien dangereuse dans les mains d'hommes sanguinaires, mais qui contint pendant quelque temps les factieux. Il n'en est pas moins vrai que toute loi qui fait condamner un grand nombre de coupables sans les entendre, est barbare. Les chefs seuls doivent être sévèrement punis ; la multitude qu'ils ont égarée mérite l'indulgence du législateur, qui ne doit faire couler le sang qu'à regret. Ce fut, dit un auteur estimable, la brièveté du supplice inventé par Guillotin, qui multiplia d'une manière aussi terrible le nombre des victimes qui tombèrent sous la hache de Roberspierre. Ainsi, la pitié mal entendue de ce médecin, a coûté la vie peut-être à des milliers d'hommes intéressans à la société qui les redemande en vain.

La reine, fidèle au plan que son cœur s'était tracé, marquait ses jours par des actions de bienfaisance. Instruite que la misère avait forcé des milliers d'infortunés d'engager leurs effets les plus utiles, le roi et la reine en payèrent le prix sur leurs revenus personnels, pour qu'ils leurs fussent rendus sans argent. Cette générosité acheva de leur gagner les cœurs : ceux des membres de l'assemblée nationale semblaient s'unir chaque jour plus étroitement avec le roi. La faction, qui sentait que cet accord pouvait seul sauver la France, résolut de tenter les derniers efforts pour les désunir, et faire revenir le duc d'Orléans. Mais la veille du jour où ils devaient faire cette motion, l'assemblée, par un mouvement spontané, et comme entraînée par une force irrésistible, sortit de l'archevêché, où se tinrent les premières séances lorsqu'elle fut transférée à Paris, et vint aux Tuileries au moment où personne ne s'y attendait. Ce fut M. Fréteau, qui était président, qui eut le bonheur d'adresser au roi le discours que je vais transcrire en entier, comme un témoignage authentique de la justice que l'on rendait alors à cet infortuné monarque.

« Sire, l'assemblée nationale a pro-
» mis de s'unir inséparablement à votre
» majesté. Appelée près de vous par
» son amour, elle vient vous offrir

» l'hommage de son respect et de son
» immuable affection.

» L'affection du peuple français pour
» son monarque, semblait ne pouvoir
» s'accroître depuis ce jour mémorable
» où sa voix vous proclama le restau-
» rateur de la liberté ; il lui restait,
» sire, un titre plus touchant à vous
» donner, celui du *meilleur ami de la*
» *nation*.

» Henri IV l'obtint des habitans d'une
» ville fameuse, dans laquelle il avait
» passé une partie de sa jeunesse ; et les
» monumens de l'histoire nous appren-
» nent qu'il signait de ces mots, *votre*
» *meilleur ami*, les lettres qu'il leur
» écrivait avec une affabilité incom-
» parable.

» Ce titre, sire, c'est la France en-
» tière qui vous le doit. On a vu votre
» majesté, ferme et tranquille au mi-
» lieu des orages, prendre pour elle
» seule la chance de tous les hasards,
» essayer d'y soustraire, par sa présence
» et par ses soins, ses peuples attendris.
» On vous a vu, sire, renoncer à vos
» plaisirs, à vos délassemens, à vos
» goûts, pour venir, au milieu d'une

» multitude inquiète, annoncer le re-
» tour des jours de la paix, pour faire
» renaître l'espoir du calme, resserrer
» les nœuds de la concorde, et rallier
» les forces éparses de ce grand empire.

» Qu'il nous est doux, sire, de recueil-
» lir les bénédictions dont vous envi-
» ronne un peuple immense, pour vous
» en offrir l'honorable tribut ! Nous y
» joignons l'assurance d'un zèle tou-
» jours plus actif pour le maintien des
» lois et pour la défense de votre au-
» torité tutélaire.

» Ces sentimens sont une dette de
» notre reconnaissance envers votre ma-
» jesté; ils peuvent seuls nous acquitter
» vis-à-vis de nos commettans, répon-
» dre à l'attente de l'Europe étonnée,
» et nous assurer les suffrages de la
» postérité ».

Le roi fit à ce discours inattendu cette courte réponse :

« Je suis satisfait de l'attachement
» que vous m'exprimez. J'y comptais,
» et j'en reçois les témoignages avec une
» grande sensibilité ».

Le roi eut à peine fini de parler, que l'air retentit des acclamations mille fois répétées : *vive le roi ! vive la reine !*

L'assemblée se rendit ensuite chez cette princesse, et Fréteau la harangua en ces termes :

« Madame, le premier désir de l'as-
» semblée nationale à son arrivée dans
» la capitale, a été de présenter au roi
» le tribut de son respect et de son
» amour; elle n'a pu se défendre de
» céder à une occasion si naturelle de
» vous offrir ses sentimens et ses vœux.
» Recevez-les, madame; permettez-
» moi de vous les exprimer tels que
» nous les formons, vifs, empressés et
» sincères. Ce serait, madame, avec
» une véritable satisfaction que l'as-
» semblée nationale contemplerait un
» moment dans vos bras cet illustre
» enfant que les habitans de la capi-
» tale vont désormais regarder comme
» leur concitoyen, le rejeton de tant
» de princes tendrement chéris de leur
» peuple, l'héritier de Louis IX, de
» Henri IV, de celui dont les vertus
» font l'espoir de la France. Il ne jouira
» jamais, non plus que les auteurs de
» ses jours, d'autant de gloire et de
» prospérité que nous lui en souhai-
» tons ».

La reine, qui n'avait point été prévenue qu'elle devait recevoir ces témoignages d'affection que l'évènement a démentis d'une manière si terrible, répondit ce peu de mots :

« Je suis touchée au-delà de toute
» expression des sentimens de l'assem-
» blée nationale. Si j'eusse été prévenue
» de son intention, je l'aurais reçue
» d'une manière plus digne d'elle. Voici
» mon fils ».

La reine, au même moment, prit dans ses bras le jeune dauphin, et porta cet auguste enfant dans toutes les parties de la salle. Les députés attendris crièrent avec enthousiasme et à diverses reprises : *vive la reine ! vive M. le dauphin !* Cette scène émut vivement la reine ; les chagrins dont elle était abreuvée en furent un instant adoucis.

Madame de Lamballe, qui se trouvait chez la reine dans cet instant, ne put s'empêcher de répandre des larmes de joie, en pensant que son amie pouvait se flatter d'échapper aux poignards de ses ennemis; que l'affection qu'on lui témoignait d'une manière si franche, serait un rempart impénétrable aux coups que la faction voudrait lui porter. — Je vous l'avais bien dit, madame, s'écriait-elle dans le transport de sa joie, que vous seriez encore heureuse. Voyez comme on vous aime ! combien votre fils intéresse ! — Je commence, reprit la reine, à me flatter que grâces à l'éloignement de votre beau-frère, on finira par s'entendre, et que le roi reprendra sa puissance, sans laquelle il est impossible que le gouvernement ait d'action. Dépositaire des lois, il faut qu'il ait la force de les faire exécuter. Mais il est bien essentiel que le roi ne consente pas au retour de M. d'Orléans, que la constitution ne soit entièrement établie; car, s'il revient, les troubles recommenceront, les esprits s'aigriront de plus en plus; nous reverrons les scènes d'horreur, et nous serons anéantis, et avec nous, la grande partie de tout ce qui a des talens et des vertus. — Il est facile, dit madame de Lamballe, de le tenir éloigné tant que cela sera nécessaire à l'intérêt général. — Pas tant que vous l'imaginez, mon amie ; déjà on voulait engager l'assemblée à le redemander. — La démarche qu'elle a faite aujourd'hui doit vous assurer que vous n'avez rien à craindre, et que la majorité rejetera toutes les demandes que l'on ferait à ce sujet. — Dieu le veuille ; mais je ne m'en flatte pas.

La reine, toutefois, ne négligeait rien de ce qui pouvait entretenir la bonne intelligence qui s'établissait entre Paris et la cour. Madame Necker, à laquelle on ne peut refuser d'avoir eu de grandes vues pour les établissemens de bienfaisance, avait engagé la reine à former une association de tout ce qui restait de femmes opulentes dans la capitale ; depuis les princesses jusqu'aux compagnes des plus riches négocians. On s'assemblait dans une salle du château des Tuileries, et là on n'observait aucune étiquette ; chacune des femmes qui arrivait, prenait place sans distinction : on y lisait les demandes des infortunés ; on s'occupait à adoucir leur douleur par les moyens les moins onéreux, afin de pouvoir en assister davantage. La reine ne réclamait d'autre priorité que celle de donner une somme plus considérable. Cette communication familière de cette princesse avec toutes les femmes de la classe aisée de Paris, les secours que les indigens en retireraient, la firent connaître plus avantageusement encore. On ne parlait que de son affabilité, de ses grâces.

Elle redevenait l'idole de Paris; elle ne paraissait pas au spectacle qu'elle ne fût applaudie avec transport; on saisissait les allusions: enfin, il semblait que les Français avaient repris le caractère national que des monstres avaient voulu détruire.

Mais ce furent ces mêmes témoignages d'amour et de bienveillance réciproque, qui réveillèrent dans l'âme des scélérats, qui avaient juré le renversement du trône, une haine plus envenimée que jamais. Les machinations se renouvelèrent; mais elles eurent un effet moins prompt, parce qu'on n'était plus aussi disposé à accueillir les imputations contre le roi qu'on l'avait été; cependant, ils se servirent contre lui des armes qui auraient dû les perdre.

On ne cessait de demander la punition des fauteurs des journées des 5 et 6 octobre. Plus le roi devenait cher aux Parisiens, plus on voulait connaître ceux qui avaient attenté à ses jours, pour qu'ils ne pussent échapper au glaive de la justice. Il n'y avait pas un moment à perdre, les traîtres allaient être démasqués ; ils trouvèrent le secret de prouver que la fureur du peuple avait été juste, et qu'il y avait eu une conspiration pour enlever le roi, le conduire à Metz, d'où il serait venu imposer la loi à l'assemblée nationale. Il n'est aucune calomnie que l'on ne parvienne à faire croire, dit un de nos auteurs. On rendit l'opinion flottante : mais ce n'était pas assez, il fallait une victime immolée juridiquement, et par des juges qui avaient la confiance du peuple. Ce fut l'infortuné Favras qui fut choisi ; et le Châtelet, que l'on força, par les menaces, les hurlemens, qui ne cessèrent pas pendant toute l'instruction du procès, à le condamner, savait bien que M. de Favras était innocent. Rien n'égala sa constance et son courage jusqu'au dernier moment de sa vie. Quelqu'un, qui m'a dit être bien informé, assure qu'il ne la perdit point dans le supplice, et que, secouru à temps, on le retira des portes du trépas, et qu'il passa en Angleterre. Je ne vois rien qui constate ce fait, dont la vérité serait à désirer, pour anéantir les remords que ses juges doivent avoir.

De ce moment recommencèrent les

haines et la défiance. Le roi n'avait plus qu'une ombre de liberté, et en vain voulait-on se le dissimuler. Il paraissait certain que les anarchistes n'ayant pu l'asservir, voulaient l'abreuver de tant de dégoûts qu'ils le forçassent à se soustraire à leur domination, pour ensuite l'accuser d'avoir voulu fuir et faire prononcer la déchéance, bien persuadés qu'ils placeraient alors, sans opposition, d'Orléans sur le trône. Comme s'ils n'eussent compté pour rien d'anéantir les droits de cinq princes qui devaient prétendre avant lui à la couronne. Jamais aveuglement ne fut plus extraordinaire.

Déjà le club connu sous la dénomination de *Bretons*, avait été réuni aux jacobins, qui bientôt chassèrent de leur sein tout ce qui conservait des principes d'équité, et qui avait secoué le joug des anarchistes. Nous craignons, écrivait l'un de ceux qui en avaient été exclus à M. B**, les mêmes maux que vous, l'anarchie, les dissensions civiles, la dissolution de toutes les forces publiques, la perte de tout crédit. Nous voulons l'affermissement d'une liberté constitutionnelle et une forte dose de pouvoir exécutif. Voilà nos vœux, ce seront les vôtres. En considérant la situation où l'on était alors, de tels sentimens ne pouvaient convenir à ceux qui ne voulaient de liberté que pour se livrer sans crainte à leur horrible brigandage. Ainsi, ils éloignèrent tous ceux qu'ils n'espéraient pas corrompre.

Ceux-ci se retirèrent, et voulurent former un club qui prit le nom des *impartiaux*; mais ils ne purent réussir à se rassembler : et ce ne fut qu'un an après que ce parti constitutionnel s'établit aux Feuillans, dont il prit le nom, comme les Jacobins avaient donné le leur aux enragés : mais ces derniers eurent toujours une prépondérance que rien ne put égaler.

Le roi, instruit des dissensions qui régnaient dans le sein de l'assemblée, non-seulement entre les royalistes, mais même parmi le tiers-état, résolut de les réunir par un acte digne de la bonté de son cœur : mais rien ne donnera une idée plus juste de cette séance, qu'on pourrait nommer paternelle, qu'une lettre de la reine, trouvée parmi les papiers de la malheureuse princesse dont j'écris les mémoires.

Lettre de la Reine à Madame la Princesse de Lamballe.

Le 5 Février 1790.

Pends-toi, brave Grillon, disait Henri IV à son frère d'armes; et moi, je vous dis aussi, mon amie, plaignez-vous de n'avoir pas été à Paris hier. Jamais, depuis un an, nous n'avons eu une journée aussi délicieuse. Je ne veux pas retarder le plaisir que vous aurez d'en apprendre les détails, jusqu'à mon retour. Vous vous souvenez bien des inquiétudes que nous éprouvions lorsque vous partîtes, et la certitude seule que vous seriez sous peu de jours auprès de moi, me fit consentir à votre absence. Eh bien! à présent je désire aussi vivement que vous soyez ici pour vous faire partager ma joie. De la joie! ah! mon amie, qui m'eût dit que ce sentiment pût encore trouver place dans mon triste cœur? Le roi fit prévenir, hier à midi, le président de l'assemblée qu'il s'y rendrait. On vint à sa rencontre ; il prit la place du président qui se tint à sa droite, et il prononça un discours qu'il m'avait communiqué, et que je vous envoie. Quand il fut à ces mots : *éclairez sur ses intérêts le peuple qu'on égare, ce bon peuple que j'aime, et dont on m'assure que je suis aimé quand on veut me consoler de mes peines*, tous les yeux se remplirent de larmes d'attendrissement ; tous les cœurs s'élancèrent vers le roi, qui lui-même, extrêmement ému, avait de la peine à cacher sa sensibilité. Il continua cependant, et fut entendu avec la plus grande attention, et les témoignages les moins équivoques de respect et d'amour. Le président lui répondit, au nom de l'assemblée, pour l'assurer combien elle était sensible à cette marque de confiance, et qu'elle suivrait les intentions de sa majesté, n'ayant plus d'autre vœu que le bonheur du peuple, qui serait assuré en restant intimément attaché à la personne du roi. Dans ce moment, on m'a assuré qu'il n'y a eu qu'un même esprit : royalistes, orléanistes, impartiaux, tous oubliaient leurs querelles, pour ne voir que la bonté de sa majesté qui leur donnait tant de moyens d'achever en paix la constitution.

Une députation nombreuse a ramené le roi au château. Je l'attendais avec une vive impatience et non sans inquiétude. J'ai été au-devant de lui en tenant mon fils par la main; et, dans la satisfaction que j'éprouvais d'entendre les bénédictions du peuple, j'ai dit à ceux qui accompagnaient le roi, à-peu-près ces paroles :

« Je partage tous les sentimens du
» roi, et je m'unis de cœur et d'esprit
» à la démarche que son amour pour
» son peuple vient de lui dicter. Voici
» mon fils, je l'entretiendrai sans cesse
» du meilleur des pères, et je lui apprendrai de bonne heure à respecter
» la liberté publique et à maintenir les
» lois, dont j'espère qu'il sera le plus
» ferme appui ».

Depuis cet instant, tous ont prêté le serment civique, et se sont engagés à nous défendre. Je sais que ceux qui croient qu'on ne doit rien céder, blâmeront peut-être cette démarche. Quant à moi, je crois qu'elle aura la plus grande utilité pour déjouer entièrement les menées du parti du duc d'Orléans, qui, comme vous le savez, malgré son absence, troublait encore les esprits. Il est si doux d'espérer, que je veux me livrer aux sentimens que j'éprouve ; ne fussent-ce que des illusions, elles sont chères à mon cœur, puisqu'elles me tranquillisent sur le sort à venir de mes enfans. Revenez donc le plus tôt qu'il vous sera possible, mon amie, pour me voir heureuse. Ce sera peut-être pour si peu de temps, qu'il ne faut pas en manquer l'occasion. Ma fille s'ennuie de ne pas vous voir, et Elisabeth vous désire. Adieu, vous l'amie la plus fidèle, et dont je n'oublierai jamais les marques d'attachement. Comptez sur celui que j'aurai toujours pour vous.

Marie-Antoinette.

Hélas ! ce calme devait peu durer ; et les méchans qui, d'abord, avaient été en quelque sorte subjugués par l'ascendant de la vertu, revinrent à leur détestable projet, et furent plus occupés que jamais de ramener leur chef en France ; et pour qu'à son arrivée il trouvât une armée à ses ordres, ils imaginèrent de faire décréter par l'assemblée, que toutes les troupes de ligne et les gardes nationales du royaume enverraient des députés pour prêter le serment civique au Champ-de-Mars ; ce qui fut exécuté.

Mais quoique d'Orléans revînt à Paris, malgré les ordres du roi, le 11 juillet, et que jusqu'au 14 il n'épargnât rien pour séduire ces braves gens, il ne put parvenir à les corrompre ; le roi et la famille royale furent l'objet de leur vénération. Les fédérés voulaient de bonne foi la constitution, c'est-à-dire celle qu'on devait faire ; car ce qu'il y a eu d'assez bizarre dans cette confédération, c'est que l'on jurait d'être fidèle à ce qui n'existait pas encore ; mais on espérait que par la constitution telle qu'on la croyait possible, le peuple recouvrerait ses droits et les conférerait au chef suprême et héréditaire de la nation. C'était donc cette ombre que tous embrassaient avec ardeur, et qui, loin d'éteindre en eux l'amour pour la branche régnante, semblait l'accroître. Pourquoi a-t-on rompu cet accord des cœurs, qui pouvait encore nous rendre la paix et le bonheur ? Les agitateurs voyant qu'ils ne pouvaient réduire la majorité de la nation, cherchèrent à la comprimer par la terreur.

Les jacobins eurent leur comité des recherches, d'où sont sortis ceux de surveillance. Alors la basse délation devint une vertu, et la vertu un titre de proscription. M. de Lafayette, qui était persuadé que le duc d'Orléans était coupable, voyant qu'il n'avait pu réussir à le tenir éloigné, détermina le roi à le mettre en jugement pour les journées des 5 et 6; et protégeant par la force armée les délibérations du Châtelet, où cette affaire avait été portée, il lui donna la possibilité, malgré les intrigues des orléanistes, d'entendre enfin le rapport de cette importante affaire, qui durait depuis neuf mois, sans qu'il eût été possible aux juges de se procurer les lumières que la malveillance leur refusait. Enfin, ils prirent le parti de citer eux-mêmes les témoins. Je n'oublierai point, en parlant de cette procédure, la réponse sublime de la reine. Des commissaires du Châtelet se présentèrent chez elle pour entendre sa déposition. Elle leur dit : *J'ai tout vu, tout entendu, j'ai tout oublié.*

Malgré le secret que l'on mettait à l'instruction du procès, les jacobins, qui avaient partout des émissaires, en furent instruits; et, dans la crainte de l'issue qu'il pouvait avoir, ils prirent le très-sage parti de faire décréter l'inviolabilité des membres de l'assemblée, qui ne pourraient être mis en jugement que d'après un décret.

Ce fut donc inutilement que le Châtelet décréta de prise de corps d'Orléans et Mirabeau. Il n'osa faire mettre ce jugement à exécution, et vint en rendre compte à l'assemblée, qui décida que l'un et l'autre étaient innocens. Ainsi, ils restèrent impunis. Madame de Lamballe instruisit M. le duc de Penthièvre de cet important évènement, par sa lettre du 2 septembre 1790.

« Je viens de quitter ma sœur, mon cher papa; je viens de lui faire mon compliment sur le décret qui déclare son mari innocent. Vous imaginez bien que nous ne nous sommes pas dit ce que nous pensions réciproquement. Elle le croirait coupable (ce que je suis bien sûre que son aveuglement ne lui permet pas de penser), qu'elle n'en serait pas moins comblée de joie de le savoir échappé aux dangers d'un semblable procès, qui eût peut-être porté sa tête sur l'échafaud. Cette idée, je l'avoue, est affreuse pour une femme qui aime aussi tendrement son mari; et puis, ses enfans ne sont pas coupables, et la punition du père eût rejailli sur eux. Mais il n'en est pas moins vrai que ce n'a pu être qu'à force d'argent et d'intrigues qu'il s'est sauvé de ce mauvais pas, pourvu que cela lui serve de leçon. Le côté droit n'a apporté qu'une faible résistance, excepté le marquis de Bonnay, qui a été garde-du-corps; et comme on ne pouvait justifier le prince qu'en accusant ces braves gens, le marquis de Bonnay a fait leur apologie en vieux soldat, de la manière la plus touchante, et a fini par dire que les gardes-du-corps, ses braves frères d'armes, seront toujours ce qu'ils ont été, semblables à Bayard, *sans peur et sans reproches*. Son courage a ranimé le côté droit, qui a demandé l'ajournement; mais impossible. Mirabeau était trop pressé de sortir d'affaire, et ils ont été blanchis tous deux. M. le duc d'Orléans, qui, pendant ces débats, ne s'était pas permis de paraître à l'assemblée, va y reprendre sa place et peut-être y fera-t-il bien du mal; enfin, Dieu par-dessus tout. Ecrivez à ma sœur que vous partagez sa satisfaction; faites-vous cet effort, mon cher papa : il est digne de vous de prendre part au bonheur de vos ennemis, d'autant que je crois qu'il y a plus perdu qu'il ne pense. Je vous écrirai tout ce qui s'ensuivra, et profiterai toujours avec empressement des occasions de vous assurer du tendre respect avec lequel, etc. »

Le chagrin que cette affaire causa à Mirabeau, quoiqu'il affectât une gaîté indécente dans sa défense, le conduisit lentement au tombeau. On assure que peu de temps avant sa mort, il avait offert ses services à la cour, et qu'il en reçut beaucoup d'argent ; mais, soit naturellement, soit que les jacobins voulussent le punir de sa désertion en avançant ses derniers instans, il mourut. Ce fut avec beaucoup de fermeté. C'était un homme d'un grand génie, et qui eût pu faire autant de bien qu'il a fait de mal.

Ce que madame de Lamballe avait prévu arriva. En vain M. de Lafayette disait aux impartiaux : Donnons au roi la récompense de ses vertus, en nous réunissant pour ramener la tranquillité. L'impulsion était donnée pour entraîner le monarque dans l'abîme, et rien ne pouvait plus l'arrêter.

C'est vers ce temps que les jacobins prirent à honneur une dénomination injurieuse de leurs antagonistes, qui, pour désigner les hommes qu'ils soudoyaient, les appelèrent *sans-culottes*. Ce nom devint pour eux un titre de gloire; et on les vit par la suite s'en parer avec emphase dans leurs discours les plus éloquens. Ils poussèrent la démence jusqu'à consacrer cinq jours de l'année à célébrer ce nom jadis bas et trivial, et qu'ils crurent rehausser par l'idée des crimes atroces que commirent ceux qui le portaient. Et que l'on dise, après cela, que les méchans ne sont pas des fous forcénés; il me paraîtra difficile de le prouver. Ce fut alors que l'impudeur devint une vertu, et que le sans-culotisme, que la moitié de la France adopta dans le délire des passions, et que l'autre moitié, sous le joug de la terreur, suivit au moins pour le costume, couvrit ce beau pays des livrées de la misère, présage de celle qui allait très-réellement dévorer la fortune publique et celle des particuliers.

Ce fut à cet instant que les arts en pleurs quittèrent une terre chérie, pour n'y être rappelés qu'après la mort de presque tous ceux qui les cultivaient. Tout changea de face; et la famille royale, abreuvée de dégoûts et d'humiliation, ne jouissait plus que d'une ombre de liberté. Le roi, accoutumé dès sa jeunesse à un exercice violent, privé du plaisir de la chasse, espérait qu'au moins on ne l'empêcherait pas d'aller à Saint-Cloud. Paris ne lui offrait plus qu'un peuple aigri contre lui et contre la reine; il ne voyait, dans la garde nationale qui l'environnait, que les satellites de ses ennemis; ce qui le décida à aller passer quelque temps dans cette maison de campagne à deux lieues de la capitale, où ses ennemis avaient tout autant de facilité de surveiller ses démarches, mais où, au moins, les charmes de la nature calmeraient son cœur déchiré par les souvenirs du passé et les craintes de l'avenir. Les premiers beaux jours semblent donner à l'homme un plus grand désir de la liberté. Quel est le prisonnier qui n'a pas éprouvé que ses chaînes sont plus pesantes quand il sent l'air embaumé des fleurs dont se couronne la nature au printemps, quand il entend le chant joyeux des oiseaux célébrer leurs plaisirs! Ainsi, Louis XVI, après avoir passé, avec sa famille, l'hiver de 1790 à Paris, renfermé en quelque sorte dans son palais des Tuileries, dont le jardin, quoique le plus beau du monde, devait lui paraître si petit auprès du parc de Versailles, proposa, le 18 avril 1791, à la reine, d'aller à Saint-Cloud avec leurs enfans. Les ordres sont donnés. Madame de Lamballe doit les y joindre. On prépare déjà, en idée, les plaisirs simples dont cette famille infortunée connaissait si bien le prix.

On monte en voiture. La joie éclate sur le front de Madame et de son frère. L'enfance aime à changer de place, et son inquiète activité ne se soumet qu'avec chagrin à une vie uniforme. Mais à peine s'étaient-ils livrés à cette joie enfantine que partageaient leurs augustes parens, que des bandits payés par leurs ennemis et la garde nationale même, se jettent au-devant des chevaux, et ordonnent au roi de rentrer au château. Qu'on se figure l'effet que dut produire sur lui, et surtout sur la reine, une pareille conduite de la part de ceux que même la nouvelle constitution soumettait à la puissance du roi. Sa majesté veut être obéie ; mais impossible. On se presse autour de la voiture, on coupe les traits des chevaux : la multitude effrénée se livre à la plus incroyable indécence. Sans respect pour la jeune princesse, on accable sa mère des plus grossières injures ; on couche en joue la famille royale. Enfin, ce sont des tigres que rien ne peut ramener.

M. de Lafayette accourt, propose au roi de faire déployer le drapeau rouge. Sa majesté l'assure qu'il ne veut pas que l'on verse pour lui une goutte de sang, et rentre dans la somptueuse prison où ses peuples le retiennent. Ses amis s'empressent de l'y consoler, et tous les soirs se réunissent auprès de l'infortuné monarque, qui ne voit point en eux des courtisans, mais des serviteurs fidèles qui n'affectent point le respect, et qui savent apprécier les vertus de Louis XVI et les qualités aimables de son épouse. Ces momens de confiance et d'amitié le payent de tous les chagrins qu'il éprouve dans le cours de la journée ; mais ils éveillent les soupçons et les jacobins savent en profiter.

Ce fut dans ce temps que se passa la journée appelée des poignards. Ma plume se refuse à la tracer ; elle porte un caractère si inconcevable! J'ai eu beau l'entendre raconter lorsqu'elle eut lieu ; j'ai beau en relire dans ce moment les détails, ils ne me paraissent que le récit d'un rêve pénible. Un roi de France, environné de 400 gentilshommes, ayant des épées ou des pistolets, leur ordonne de se désarmer, et ils obéissent. Un chevalier français, un homme quitter son épée! mon sang bouillonne à cette seule idée; et je détourne les yeux de cette page de notre histoire, que je voudrais pouvoir en retrancher.

Ce fut ce même jour que Santerre, brasseur du faubourg Saint-Antoine, parut pour la première fois avec son armée; elle fut vaincue par Lafayette, que l'on n'avait occupé à Vincennes que pour l'empêcher de porter des secours au château des Tuileries, où il revint trop tard.

Le roi ne vit plus, depuis ce moment, aucun moyen de ramener l'ordre ; et sachant que l'on travaillait avec la plus extrême activité à la nouvelle constitution, et qu'il n'était pas douteux qu'on le forcerait de la sanctionner, sans lui donner le temps de l'examiner avec cette scrupuleuse attention qu'une œuvre aussi importante demandait, pensant qu'elle n'aurait pas force de loi, lorsque personne ne pouvait ignorer qu'il était prisonnier dans son palais, chercha les moyens de se soustraire à la tyrannie qui pesait sur lui et sur sa famille. Ceux qui l'accusèrent d'avoir formé le dessein de quitter la France, ne l'ont pas cru eux-mêmes. Le roi n'a pu avoir ce projet; et sa conduite à Varennes le prouve, comme je le développerai dans le récit de cet évènement qui couvrit la France de deuil.

Depuis long-temps le roi avait fait offrir à M. de Bouillé de se charger de cette entreprise périlleuse, et ce général, qui en sentait tout le danger, s'y était long-temps opposé. Enfin, il céda à la situation critique où le roi se trouvait. Mais c'était sous la condition expresse que le roi aurait dans sa voiture le marquis d'Agoult, homme dont la bravoure et le sang-froid étaient généralement connus. C'est lui qui avait eu l'honneur de mesurer ses armes avec le prince de Condé; ce qui lui avait mérité une grande considération parmi les gentilshommes dont il avait soutenu les prérogatives, sans craindre les suites d'un combat avec un prince du sang. J'ignore ce qu'il est devenu depuis l'instant où il a quitté la France. Mais il fut mon ami, et en plaignant l'erreur qui l'a éloigné de sa patrie, je ne puis oublier les qualités estimables qui le rendaient cher à ma famille, ni m'empêcher de penser que si les intentions de M. de Bouillé eussent été remplies, et que M. d'Agoult eût accompagné le roi, il n'eût pas été arrêté à Varennes. Dire ce qui serait arrivé de son séjour à Montmédi, voilà ce que l'on ne peut savoir : mais ce que je répète, et ne me lasserai point de répéter, c'est que les intentions du roi étaient pures, qu'il ne voulait que se mettre en mesure de faire le bien ; et que s'il avait été entraîné dans cette démarche par ses ennemis, il ne la regarda jamais comme devant lui faire abandonner le peuple qu'il aimait, malgré les outrages dont il ne cessait de l'accabler depuis quelque temps. Mais sans me laisser entraîner à la douloureuse impression que cet évènement me fait éprouver, je vais reprendre le cours de cette désolante histoire.

La reine fit part à madame de Lamballe du projet du roi, et l'assura que sous peu de temps elles se réuniraient; mais pour ne point donner de soupçons, il fut convenu que la princesse se rendrait à Aumale, où la santé de M. le duc de Penthièvre le retenait depuis quelque temps, et que la reine lui écrirait dès qu'elle serait arrivée à Montmédi. Leurs adieux furent très-touchans; il semblait qu'elles éprouvaient l'une et l'autre le douloureux pressentiment que ce projet entraînerait, par son peu de réussite, tous les maux qui les ont accablés.

Peu de jours après le départ de la princesse, on fit, avec beaucoup moins de discrétion que l'on n'aurait dû, les préparatifs de celui du roi. Il fut convenu qu'il irait dans la même voiture que la reine et ses enfans, ce que M. de Bouillé désapprouvait; mais le tendre attachement de Louis XVI pour sa famille ne lui permit pas de s'en séparer. Ce fut ce qui s'opposa au premier projet, où il était expressément convenu que M. d'Agoult serait dans la voiture du roi; car madame de Tourzel, prétendant avoir le droit de ne jamais quitter les enfans de France, ne consentit pas à céder sa place: ainsi le roi se trouvait dans cette voiture avec trois femmes (car madame Elisabeth était aussi du départ) et deux enfans. Il n'y eut jamais une manière moins sûre de se dérober aux recherches de ceux qui avaient tant d'intérêt à l'arrêter. Jamais on ne se livra à un aussi grand péril avec autant d'imprévoyance, et il n'est pas douteux qu'il eût été rejoint à 20 lieues de Paris, si ceux qui voulaient faire croire que le roi quittait la France, n'eussent senti qu'il fallait ne s'emparer de sa personne qu'assez près des frontières pour appuyer l'accusation calomnieuse que l'on voulait diriger contre lui, en affirmant que son intention était de sortir du royaume.

D'ailleurs, il fallait qu'il eût dépassé le rayon constitutionnel, afin que s'il refusait de revenir sur ses pas, sa déchéance fût prononcée de droit ; et comme en même temps on protégeait l'émigration de Monsieur, la couronne aurait été dévolue au duc d'Orléans. Mais la résignation du roi, son attachement à ses devoirs, déconcertèrent encore une fois la faction, et ne lui laissa plus que le chemin du crime pour arriver à son but. Tout le monde sait de quelle manière Louis XVI fut reconnu à Sainte-Menéhould et arrêté à Varennes. Un mot, et le peu de gentilshommes qui l'entouraient suffisaient, au premier instant, pour suivre son chemin : mais il ne le dit pas ce mot. Au contraire, il défendit, comme il avait toujours fait, aucune violence; et il retomba sous la puissance de ses ennemis, ce qui fut un grand malheur; et, je le répète, si M. d'Agoult eût été dans sa voiture, ce malheur ne serait pas arrivé; car je suis sûre, avec le caractère que je lui connais, qu'il aurait obligé le roi à prendre le seul parti qui lui restait, de foncer, le pistolet au poing, sur quelques hommes qui s'opposaient à son passage. Mais le roi, persuadé que ce ne serait que par le sang qu'il se l'ouvrirait, et d'ailleurs, attaché à la lettre de la loi, qui portait que lorsque le roi serait éloigné de plus de vingt lieues, on l'inviterait à revenir, et que s'il y consentait, ses droits seraient les mêmes qu'avant son départ, crut qu'il n'en serait rien autre chose que de revenir à Paris avec sa famille. Cette confiance le perdit; et la manière ignominieuse dont il fut accueilli dans la route, ne lui dut que trop faire sentir tout le tort qu'il avait eu de ne pas suivre le conseil du peu d'amis qu'il avait auprès de lui au moment de son arrestation. La reine, madame Elisabeth, ne doutèrent plus du sort qui leur était réservé. Il faut entendre la reine rendre compte à son amie de son opinion sur ce triste évènement.

Lettre de la reine à Madame de Lamballe.

Nous avons été trahis. Notre malheur est au comble. Je n'affligerai point votre cœur, mon amie, par le triste récit de ce que nous avons souffert...... J'aurais mille fois préféré la mort. Sans Elisabeth, je ne sais jusqu'où aurait été mon désespoir ; mais cet ange fait passer dans les cœurs les plus ulcérés, la paix et la résignation qui ne l'abandonnent point. Mes enfans ont été accablés de fatigue. La chaleur était excessive ; ils mouraient de soif, et nous avons eu toutes les peines du monde à nous procurer des rafraîchissemens. Enfin nous voilà encore une fois au pouvoir de nos ennemis ; et la tentative que nous avons faite pour nous y soustraire, rendra notre sort plus cruel. Vous savez bien quelles étaient les intentions du roi, et si elles avaient d'autre but que le bonheur de son peuple. Mais ils envenimeront........., prononceront la déchéance ; et s'ils n'osent pas ôter la couronne à mon fils, qui ne frémirait pas en pensant au régent qu'ils lui donneront !......

. . . .

. . . .

Les défiances sont augmentées ; il y a bien plus de danger qu'avant ce malheureux voyage. O ! ma chère Lamballe ! ne vous exposez pas aux plus injustes soupçons ; éloignez-vous pour quelque temps. . . . .

. . . .

Si le ciel, las de nous persécuter, permet qu'un jour le calme succède aux tempêtes dont nous sommes battus, nous nous réunirons, et vous retrouverez toujours le cœur d'une amie qui compte sur le vôtre.

Marie-Antoinette.

Cette lettre pénétra madame de Lamballe et M. le duc de Penthièvre, de la plus vive douleur. La santé de ce prince, déjà fort mauvaise, empira encore ; et il était impossible que sa fille s'éloignât de lui dans un moment où il avait le plus grand besoin de ses soins et de ses consolations. Cependant la calomnie de son souffle impur vint ajouter aux chagrins qui l'accablaient. Les journalistes aux gages de la faction, publièrent que madame de Lamballe avait fait prendre la cocarde blanche aux gens de sa maison, et qu'elle était en correspondance avec madame Dubarry, retirée en Angleterre dès le commencement de la révolution. Quelqu'absurdes que fussent ces imputations, madame de Lamballe crut devoir y répondre par la lettre que je transcris, adressée au rédacteur de la *Feuille du Jour*.

« Permettez-moi, monsieur, de relever une erreur dans laquelle le rédacteur du *Paquebot* a été induit par son correspondant à Londres.

» Madame de Lamballe a appris, à Aumale, la nouvelle du départ du roi ; elle y était allée à cause d'une indisposition survenue à M. le duc de Penthièvre, son beau-père ; elle n'a avec elle qu'un seul nègre. Elle n'a donc pu faire prendre à ses gens qui sont à Paris, la cocarde blanche, ni sa livrée. Je puis également vous assurer qu'elle n'a jamais été en correspondance avec madame Dubarry, et qu'elle ne lui a pas envoyé de courrier. Les honnêtes gens doivent se borner à gémir du mal qui existe, et ne pas l'augmenter par des erreurs calomnieuses. J'attends de votre impartialité que vous voudrez bien insérer cette lettre dans votre prochain numéro ».

Signé G. Guidon.

Monsieur le duc de Penthièvre ne vit plus que les dangers que madame de Lamballe allait courir. — Tant qu'ils ne vous ont point signalée, ma chère fille, j'ai cru que vous pouviez rester sans crainte dans ce pays; mais dès qu'ils s'occupent de vous, qu'ils vous calomnient, soyez certaine qu'ils n'auront de repos qu'ils ne vous aient livrée à la fureur du peuple. Epargnez-leur un crime, je vous en conjure; vous êtes étrangère, rien ne vous lie à ces tristes contrées. — Rien ! mon père, pouvez-vous me le dire, en connaissant ma tendresse pour vous ? — Hélas ! je n'en doute pas; mais pouvez-vous aussi attacher vos destinées à un vieillard, qui chaque jour demande à Dieu de le retirer à lui ? que fais-je sur la terre ?— Vous y donnez l'exemple des vertus, et vous détournerez peut-être de votre patrie, par vos prières, les maux dont elle est menacée. — Je ne puis me flatter de l'obtenir, et je ne me sens pas le courage de soutenir le spectacle des malheurs que je prévois : l'idée que ces monstres voudraient vous arracher de mes bras me fait frissonner ; et tout affaibli que je suis par l'âge et la maladie, je sens que je vous défendrais ; et vous auriez peut-être la douleur de me voir immoler à vos pieds, et mon sang, qui rejaillirait sur vous, ne prolongerait pas vos derniers instans, et les rendrait plus douloureux.

Cette image fit une si forte impression sur madame de Lamballe, qu'elle se laissa persuader, et consentit à passer en Angleterre, sous prétexte que sa santé exigeait qu'elle prît les eaux de Bath. Ce ne fut pas sans répandre des larmes qu'elle se sépara de M. le duc de Penthièvre, qu'elle s'éloigna encore de la reine, qu'elle laissait dans une situation si douloureuse ; mais réfléchissant, cependant, qu'elle pouvait lui être utile en Angleterre, ou elle trouverait des indices certains de la trahison de l'ennemi du roi, elle se décida enfin à traverser le Pas-de-Calais, et arriva à Londres vers le mois d'oût 1791. Elle fut reçue par la reine d'Angleterre avec une très-grande distinction ; et cette vertueuse princesse, qui ne pouvait voir sans horreur les auteurs de la révolution, marqua à madame de Lamballe autant de considération et d'amitié qu'elle montrait de haine à ceux qu'elle accusait du malheur du roi. Les princesses s'entretinrent long-temps de la situation de la cour de France ; et il paraît, par ce que l'on m'a rapporté de ces différentes conférences, que la reine d'Angleterre, et même Georges, étaient sincèrement attachés à Louis XVI, et que les intrigues ministérielles ont seules été cause de la rupture entre les deux nations.

Le roi d'Angleterre était comme celui de France, bon époux, bon père ; il trouvait ses plus doux plaisirs dans l'intérieur de sa famille. Avec tant de vertus sociales, il est bien difficile d'imaginer qu'il ait pu donner son assentiment aux horreurs qu'on reproche aux agens de Pitt d'avoir fait commettre en France, et il me paraît plus probable que, dominé par cet homme d'un génie vaste, mais d'une âme perfide, il a été forcé de le laisser agir pour retenir sur son front une couronne que cet insigne politique ébranlait d'une main et soutenait de l'autre, pour se donner un crédit immense auprès du roi. C'est ainsi que les monarques sont les tristes jouets de leurs ministres. Quoi qu'il en soit, la paix régnait encore entre la France et la Grande-Bretagne. Les puissances qui se sont depuis coalisées contre nous, sans avoir pu, et ce qui est douloureux à penser, sans avoir peut-être voulu, pour la plupart, sauver Louis XVI (ce qui eût été au commencement très-facile), jalouses de notre grandeur, abandonnèrent celui que les rois appelaient leur frère, sans penser que l'anarchie, après avoir englouti le trône des Bourbons, ébranlerait les leurs jusques dans leurs fondemens. On s'entretint assez long-temps de l'affaire de Varennes. — C'est une chose incroyable, disait le roi d'Angleterre : comment, si près du but, n'avoir pu le franchir? Il ne voulait pas, répondait madame de Lamballe, encourir la déchéance. Pensez à celui à qui la régence était dévolue, Monsieur ayant quitté la France, le même jour où le roi voulait mettre sa personne, et surtout son opinion, en liberté. — Est-il certain, reprenait la reine d'Angleterre, qu'il ne voulait point rejoindre ses frères? — Jamais, madame, il n'en eut le projet; et voilà ce qui est infiniment malheureux, c'est que ses ennemis le feront croire au peuple, qui ne verra plus alors dans toute sa conduite précédente, qu'un amas de mensonges et de ruses; tandis que ceux qui connaissent son cœur, savent bien que ce ne sont pas ceux qui l'accusent qui ont le plus à se plaindre de lui : mais le motif des torts qu'on lui reproche envers la noblesse a une cause si respectable, que l'on ne peut lui en savoir mauvais gré. Père de tout ce qui compose la nation française, il a cru devoir s'occuper principalement de soulager la portion la plus nombreuse et la plus infortunée de ses sujets, qui l'en eût récompensé par sa reconnaissance et son amour, si des monstres ne s'étaient pas ligués pour empoisonner ses actions, et pour le mettre dans une situation telle, que je ne vois qu'un miracle qui puisse le sauver.

C'est ainsi que madame de Lamballe cherchait à ménager au roi, dans la personne de Georges, un allié qui eût pu devenir son médiateur entre lui et le peuple. Mais le duc d'Orléans, pendant son séjour en Angleterre, avait semé les germes de discorde dont les effets furent si funestes à la France, et qui réagiront peut-être un jour contre ces insulaires qui ont fomenté nos dissensions civiles, dans l'espoir de voir anéantir la rivale qui pouvait leur disputer l'empire des mers, et partager les avantages immenses du commerce de l'Inde et des colonies, et qui, forte de ses richesses territoriales, n'aurait besoin que de quelques années de paix pour reprendre sur l'Anglais la prépondérance que celui-ci n'a pu obtenir qu'à force d'intrigues.

Le roi, traité à Paris en criminel d'Etat, fut, pendant plusieurs semaines, dans un véritable état de captivité, d'autant plus douloureuse à son cœur, qu'on l'avait séparé de sa famille, qui était sa passion dominante. Dans cet état d'abandon, livré aux plus noirs pressentimens, il s'attendait à chaque instant à entendre prononcer sa déchéance. Mais le ciel, qui voulait, en lui assurant une gloire éternelle, ne pas livrer la France aux mains d'un usurpateur, changea pour un temps les cœurs des plus chauds amis du duc d'Orléans. On assure que Barnave avait été si touché du sort de la famille royale, lorsqu'il avait été nommé commissaire de l'assemblée à Varennes pour ramener le roi, que le temps qu'il passa dans la même voiture que cet infortuné monarque et sa famille, l'attacha à eux, et que dès cet instant il jura dans son cœur de les défendre : en effet, au moment où le duc d'Orléans se croyait assuré au moins de la régence, ce qui pour lui eût été l'être du trône, les commissaires nommés par l'assemblée pour demander au roi le sujet de son voyage, en reçurent la réponse suivante :

« Je vois, messieurs, par l'objet de
» la mission qui vous est donnée, qu'il
» ne s'agit point ici d'un interrogatoire ;

« ainsi, je veux bien répondre au désir de l'assemblée nationale : je ne craindrai jamais de rendre publics les motifs de ma conduite.

» Les motifs de mon départ sont les outrages et les menaces qui ont été faits à ma famille et à moi-même. Plusieurs écrits ont cherché à provoquer des violences contre ma personne et ma famille, et ces insultes sont restées jusqu'à présent impunies; j'ai cru dès-lors qu'il n'y avait pas de sûreté ni même de décence pour moi de rester à Paris ».

Cette déclaration franche et loyale eut l'effet que la vérité produit toujours sur les âmes honnêtes. Bailly, Lafayette, Barnave et d'autres, qui avaient été jusques là connus comme les amis du duc d'Orléans, se séparèrent de lui, et se rapprochant du roi, l'assurèrent que, s'il voulait promettre de ne point quitter Paris que la constitution ne fût en activité, et de l'accepter dès qu'elle lui serait présentée, il pouvait être sûr de ne point encourir la déchéance, et que l'on s'empresserait de rendre son sort le plus heureux possible. Le roi, qui était séparé de tout ce qu'il aimait, qui ne voyait nul moyen de s'opposer au parti d'Orléans, qui d'ailleurs avait toujours penché dans son cœur pour celui du peuple, signa l'accord qu'on lui proposait. Les jacobins, qui étaient loin de s'en douter, attendaient avec empressement le jour du rapport contre le roi. Ils furent bien étonnés de ce qu'il était entièrement en sa faveur. En vain ils réclamèrent et cherchèrent à ramener à leur avis la majorité de l'assemblée. Barnave entraîna tout ce qui n'était pas vendu au parti d'Orléans, et le roi fut rétabli dans tous les droits de la couronne, et surtout dans ceux de la nature. Il se retrouva encore dans les bras de sa femme, de ses enfans, de sa sœur. Il oublia dans ce moment tous les sujets de douleur qu'il avait eus, et se flatta encore qu'il pourrait voir renaître la paix autour de lui. Les jacobins furieux se livrèrent à toute leur rage. Roberspierre, qui n'avait encore joué qu'un rôle secondaire, et dont les crimes effraieront la postérité, courait dans les rues criant : *Nous sommes perdus ! le roi est sauvé !* Ils firent fermer les spectacles. M. de Lafayette se porta partout avec la plus grande activité, et parvint à dissiper les attroupemens, qui se réunirent au Champ-de-Mars, où l'on avait le projet de faire signer une pétition pour faire rapporter le décret qui justifiait le roi. Mais comme ces brigands n'avaient d'autre point de ralliement que le carnage, ils commencèrent par massacrer deux invalides qui buvaient à la santé du roi, et ils mirent leurs têtes au bout d'une pique, signal horrible des excès où ils voulaient se porter.

M. de Lafayette, secondé de M. Bailly, leur envoya signifier onze fois de se retirer, sans qu'ils voulussent se rendre à leurs ordres. Il y vint lui-même, et les harangua inutilement. La fermentation fut à son comble. Ils ne parlaient rien moins que d'égorger la famille royale. M. Bailly et plusieurs officiers municipaux parurent. On déploya le drapeau rouge. Mais en vain fit-on les trois proclamations; rien n'intimida les mutins, qui répondaient par une grêle de pierres. Enfin la troupe fit feu, et les brigands, comme il arrive toujours en pareille occasion, furent mis en fuite. Hélas! cette rigueur, toujours douloureuse quand on est forcé d'y avoir recours, fut la cause de la mort de l'infortuné Bailly, dont ces mêmes brigands se vengèrent deux ans après d'une manière si atroce, qu'elle est peut-être sans exemple dans une nation policée.

Un malheureux condamné à perdre la vie sur l'échafaud, doit espérer au moins n'avoir à souffrir d'autre peine que celle que la loi lui inflige; mais Bailly, cet homme dont les ouvrages lui avaient mérité le titre de savant, et les vertus privées l'amitié de ses confrères; cet homme qu'un instant l'enthousiasme lança dans une carrière si peu faite pour lui, est non-seulement condamné à mourir pour avoir mis à exécution une loi terrible, il est vrai, mais moins cruelle que ceux contre lesquels elle s'exerçait. Il est traîné de la place de la Révolution à ce même Champ-de-Mars. On l'oblige, comme l'homme-dieu, à porter une partie de l'instrument de son supplice. On le couvre de boue, on l'accable d'injures; et mort cent fois avant de recevoir le coup qui finit sa vie, on le força à le regarder comme un bienfait, puisqu'il fut le terme de la brutalité de ses bourreaux.

Si à cette époque MM. de Lafayette et Bailly avaient profité de la stupeur où l'exécution de la loi martiale avait jeté les jacobins, qu'ils se fussent transportés au lieu de leurs séances, qu'ils en eussent fermé les portes, et obtenu un décret de l'assemblée qui leur eût défendu de se réunir, que de maux ils eussent épargnés à la France ! Mais ils manquèrent l'instant ; et comme le sanglier qu'un chasseur n'a que légèrement blessé, revient sur lui plus furieux, le renverse et le déchire avec ses horribles défenses, de même les jacobins, irrités par la perte des leurs, cherchèrent à acquérir un tel degré de puissance, qu'ils n'eussent plus à craindre que l'on osât employer avec eux de semblables moyens. L'assemblée constituante, effrayée des progrès qu'ils faisaient, ne pensa plus qu'à terminer, le plus promptement qu'il lui serait possible, la constitution, pour la remettre à leurs successeurs, ainsi que l'a écrit un homme de beaucoup d'esprit, comme la robe empoisonnée de Nésus.

Le roi tint la parole qu'il avoit donnée, et accepta la constitution. Il avait certainement dans son cœur la volonté de la faire marcher ; mais elle était si défectueuse, qu'il aurait fallu que tous les partis se fussent réunis pour y réussir ; tandis qu'il n'y en avait aucun, si on en excepte le petit nombre de constitutionnels, qui n'eût eu grand intérêt à l'entraver. Cependant tout parut assez calme pendant l'hiver de 91. Dès que madame de Lamballe eut appris que le roi avait accepté la constitution, elle revint en France, et prit un logement au château des Tuileries, pour être plus à portée de la reine, à qui elle se dévoua entièrement, malgré les prières de M. de Penthièvre, qui ne la voyait pas habiter ce palais où se portaient toutes les insurrections, sans les plus vives alarmes ; mais rien ne put l'en arracher. Il semblait qu'elle était née pour donner, dans ce siècle corrompu, l'exemple de l'amitié la plus constante et la plus généreuse.

Le parti constitutionnel, comme je viens de le dire, était le seul qui pût servir d'égide au roi : pour se l'attacher plus fortement encore, il parut nécessaire à la reine d'acquérir l'amitié des femmes de ceux qui étaient les plus prononcés ; et afin de ne pas paraître mandier leur amitié, il fut convenu que madame de Lamballe se lierait successivement avec toutes, et les engagerait à des thés qu'elle donna deux fois par semaine. La reine, madame Elisabeth, s'y trouvaient toujours : c'étaient les grâces, les vertus, la dignité réunies; les princesses n'étaient occupées que de paraître oublier leur ancienne grandeur, et les femmes admises à ces soirées charmantes ne négligeaient rien pour leur prouver leur respect. Ces innocentes réunions firent ombrage à ceux qui ne voulaient que la perte de Louis XVI.

On faisait circuler le bruit qu'il existait un comité autrichien, et on alla jusqu'à dire que c'était chez madame de Lamballe que se tenaient les conférences. Il est vrai qu'à cette époque les rois avaient signé, à Pilnitz, un traité dont le prétexte était la délivrance de Louis XVI, qui ne le demandait pas, et le but réel de profiter de l'état de déchirement où se trouvait la France, pour augmenter leurs états aux dépens de ceux de l'infortuné monarque; du moins tout porte à le croire. Il faut cependant excepter de ce nombre le roi de Suède, qui était sincèrement attaché à Louis XVI. Il avait l'esprit chevaleresque de Charles XII; et si sa mort, arrivée le 19 mars 1792, n'eût pas arrêté ses projets, il n'est pas douteux qu'il eût tout tenté pour adoucir le sort du roi. Il tomba sous les coups d'un assassin, d'autant plus criminel, qu'il avait déjà éprouvé la clémence de ce roi à qui il n'a manqué, comme le disait M. de B..., que d'être roi de France pour faire connaître ses brillantes qualités; de même que si Louis XVI était né sur le trône de Suède, il eût passé la vie la plus douce, en rendant heureux un peuple qui aurait su apprécier son amour de l'ordre, son économie et son goût pour la paix. Mais l'un et l'autre, chefs de nations dont le génie ne sympathisait pas avec leur caractère, finirent malheureusement, et tous deux en pardonnant à leurs meurtriers.

La mort de Gustave fit un grand changement dans le système de l'Europe. Les princes du nord se retirèrent de la coalition, et s'en tinrent à la neutralité dont rien ne les a fait départir. Les autres mirent une extrême lenteur dans leurs opérations, ce qui sauva la France; car il n'est pas douteux que si les princes étrangers eussent déclaré la guerre les premiers, rien à cette époque ne se fût opposé à leur invasion. Mais ils croyaient, au contraire, qu'en laissant aux Français le temps de s'entre-déchirer, ils les vaincraient plus facilement. Cependant le bruit de leur armement servit de prétexte aux jacobins pour accuser le roi de les engager secrètement à venir l'enlever. De-là ces inculpations si souvent répétées, que la reine entretenait des intelligences avec la cour de Vienne, que les journalistes ne manquaient pas de répandre.

A cette époque, le duc d'Orléans tenta de se rapprocher de la cour ; il voulait que ses fils parussent chez madame de Lamballe ; il espérait savoir par eux ce qui s'y passait ; non que je croie que les jeunes princes fussent initiés dans la conspiration, je suis sûre, au contraire, qu'ils n'en soupçonnaient pas seulement l'existence, mais leur père avait su exalter leur imagination ; il leur avait fait répéter que rien ne leur donnerait plus de gloire que de renoncer à tous les avantages que leur rang leur donnait. On voit, par une lettre de Voidel, du 26 août 1792, avec quel art on avait fasciné leur raison. S'ils eussent été dans le secret de leur père, ils n'auraient pu, si jeunes, dissimuler ou la joie ou l'horreur que ses projets leur inspiraient ; au lieu qu'en ne leur parlant que de patriotisme et du saint amour de la liberté, ils répétaient avec délire ce qu'ils avaient entendu dire à leur père, et servaient, par leur franchise, à voiler son ambition (1). Mais ils n'en étaient pas moins suspects à madame de Lamballe, qui ne les recevait qu'avec une sorte d'embarras. Les jeunes gens s'en plaignaient à leur père. Elle conspire, disait alors le duc d'Orléans, et voilà ce qui fait, mes fils, qu'elle redoute des amis du peuple aussi purs que vous. Il existe un comité autrichien, et c'est madame de Lamballe qui en est l'âme. Elle dédaigna pendant quelque temps ces clameurs ; mais s'apercevant qu'elles prenaient plus de consistance, et bien déterminée à ne point recevoir chez elle les dignes chefs d'un

---

(1) Il n'existe plus qu'un de ces princes, et il a bien prouvé, lorsque les années ont développé son caractère, combien son âme noble et pure était incapable de tremper dans aucun projet contraire à l'honneur.

parti qu'elle abhorrait, elle se décida à fermer entièrement sa maison, et à ne plus recevoir personne que la famille royale. Mais le coup était porté; et nous verrons, hélas! trop tôt, les terribles suites qu'eurent les calomnies qu'on répandit contre cette infortunée princesse.

Ne pouvant réussir à prouver l'existence d'un comité autrichien, le parti s'en tint à une conduite plus ouverte en apparence. On exigea du roi de déclarer la guerre, avec la ferme résolution de le rendre responsable des évènemens. Il faut en convenir, nos essais dans cette campagne ne furent pas heureux. Tant de gloire a depuis couvert nos drapeaux, que l'on peut ne pas dissimuler nos premiers revers; ils furent plus funestes à Louis XVI qu'à l'Etat. On s'en servit pour aigrir les esprits; on cria à la trahison. Les prêtres et les parens des émigrés en furent accusés, et l'on décréta contre eux deux lois qui parurent au roi demander un mûr examen avant de les sanctionner; et c'est ainsi, comme je l'ai déjà remarqué, que le *veto* avait pour lui le plus grand danger.

Le peuple, instruit que ce prince suspendait la promulgation de ces décrets, crut qu'il était d'accord avec ses ennemis, puisqu'il protégeait ceux qu'il croyait leurs complices. De cette opinion à la plus grande fureur il n'y eut qu'un instant; et l'on vit accourir des flots d'hommes et de femmes, qui forcèrent les grilles, et traînant avec eux un canon qu'ils avaient démonté, arrivèrent jusqu'à la porte de l'appartement du roi. Tout ce qui est auprès de lui est livré aux plus mortelles angoisses. Le moment est arrivé, le crime va se consommer. Nulle résistance ne peut sauver le roi et sa famille, dont on demande les têtes à grands cris; les portes vont êtres brisées.

Louis XVI, cet homme qu'on accuse de lâcheté, les fait ouvrir : *Je ne dois rien avoir à craindre,* dit-il, *des Français.* Au moment où il se présente, les armes se tournent contre son sein ; il est calme, tranquille, et semble attendre la mort. Madame Elisabeth vole auprès de lui, et veut lui faire un rempart de son corps. Quelques furieux la prennent pour la reine, et sont prêts à l'immoler. Des personnes attachées à la cour crient :

C'est madame Elisabeth ! *Eh ! messieurs, leur dit la princesse, de grâce, ne les détrompez pas ; ne vaut-il pas mieux qu'ils versent mon sang que celui de ma sœur ?* Mots touchans et sublimes que la postérité recueillera, et qui rendront la mémoire de cette princesse chère à tous ceux qui honorent l'amitié !

La reine, dont l'intrépidité ne cédait en rien à celle de son époux et de sa sœur, voulait absolument rejoindre le roi ; mais madame de Lamballe, qui était avec elle, obtint de tout ce qui se trouvait dans l'intérieur que l'on ne céderait pas à ses désirs. « Ma place, disait la reine, est auprès de mon mari ». — Votre place, répondit madame de Lamballe, est auprès de vos enfans, que mesdames de Mackau et de Souci avaient amenés à leur mère, qui les avait demandés.

La multitude, long-temps incertaine du parti qu'elle devait prendre, semblait en quelque sorte enchaînée par le respect qu'inspire la vertu, quand tout-à-coup une voix s'élève, et crie : Où est-il, que je le tue ? Le scélérat s'avance, tenant un bâton ferré. Un garde national, nommé Canole, se précipite sur ce misérable, le force de se jeter aux pieds de Louis XVI, et de crier *vive le roi!* C'est alors que ce prince donna, comme le dit un auteur de nos jours, une preuve d'un courage supérieur à celui d'Alexandre. Un de ces brigands lui présente une bouteille, et exige qu'il boive à la santé de la nation; le roi, sans hésiter, pose ses lèvres sur ce vase qui pouvait renfermer des principes mortels. On saisit cet instant pour couvrir sa tête de l'infâme bonnet rouge. Un des chefs crie que le peuple a des demandes à faire. Louis XVI répond avec fermeté que ce n'est ni le moment de proposer ni d'accepter. Pendant ce temps, Santerre pénètre dans la salle où étaient Marie-Antoinette, ses enfans, madame de Lamballe et les dames de sa cour. A la vue de la reine, il est interdit. La majesté de ses traits lui en impose; il s'arrête, et lui adresse ces mots: *Eh! madame, ne craignez rien, je ne veux pas vous faire de mal, je vous défendrai plutôt; mais songez qu'on vous abuse, et qu'il est dangereux de tromper le peuple.* Il donne aussitôt l'ordre à sa troupe de se retirer : elle obéit.

Pétion, que son devoir aurait dû obliger de se trouver auprès du roi, n'avait point encore paru. Enfin, il se rend au château, monte sur un tabouret, et dit au roi : *Sire, vous n'avez rien à craindre. — Rien à craindre*, répondit le roi sans émotion ; *l'homme de bien qui a la conscience pure, ne tremble jamais ; il n'y a que ceux qui ont quelque chose à se reprocher qui doivent avoir peur. Tiens*, ajouta-t-il en prenant la main d'un des grenadiers qui étaient auprès de lui, *donne-moi ta main, mets-la sur mon cœur, et dis à cet homme s'il bat plus vîte qu'à l'ordinaire.*

Pétion confus ne répliqua rien ; il se tourna vers le peuple, et lui adressa cette courte et très-étonnante harangue : *Citoyens et citoyennes, vous avez commencé la journée avec dignité et sagesse ; vous avez prouvé que vous étiez libres : finissez de même avec dignité, et faites comme moi, allez vous coucher.* Cet ordre fut une loi pour cette multitude égarée, que l'on voit dans toutes les occasions prête à obéir à ceux qui veulent lui commander.

Avec quel transport de joie mêlée de douleur, la famille royale se réunit ! combien la fermeté du roi inspira de respect à tout ce qui l'environnait! On conçut alors de lui l'idée qu'on aurait dû toujours en avoir. « Vous avez été bien inquiète, dit-il à madame de Lamballe : j'ai cru aussi que c'était le dernier de mes jours. Tout ce qui m'affligeait était de penser que leur rage ne s'assouvirait pas sur moi ». — Ah! sire, reprit la princesse, qui de nous ne fût morte sans regret, si le peuple s'était souillé de ce parricide! Je l'ai dit, et je le répéterai sans cesse, s'ils doivent attenter à mes jours, je ne demande au ciel que de fermer mes yeux avant qu'ils soient témoins de vos derniers momens, de ceux de la reine. — Ce sentiment était partagé par tout ce qui était attaché à la famille royale ; et la conduite du roi dans la journée du 20 juin, lui fit un grand nombre d'amis, non-seulement dans Paris, mais même dans toute la France.

Presque toutes les autorités constituées se prononcèrent pour lui, et signèrent des arrêtés qui servirent ensuite à former les listes de proscriptions de Roberspierre.

Les conjurés voyant qu'ils n'avaient pu même forcer la portion la plus vile des habitans de Paris à tremper leurs mains dans le sang du roi, dont l'aspect les avait désarmés, attendirent la horde marseillaise : on appelait ainsi un ramas de brigands venus des côtes d'Afrique et d'Italie, que Jourdan, qu'on nommait Coupe-Tête, avait enrégimentés, et qui, après avoir fait couler à flots le sang dans les provinces méridionales, venaient porter à Paris l'horreur et l'effroi qui les accompagnaient. A leur aspect, tous les honnêtes gens frémissent, et les scélérats se sentent encouragés au crime.

La faction n'espérant plus faire périr le roi, voulait au moins faire prononcer la déchéance. On fixa le jour au 1er. août : mais les Marseillais n'étaient pas en assez grand nombre. Depuis le 20 juin, le roi passait les nuits sans se déshabiller, se jetant quelques heures sur son lit, quand le sommeil le forçait à prendre du repos. La reine, plus agitée encore, ne trouvait que dans le cœur de madame de Lamballe quelqu'adoucissement à ses douleurs. Cette incomparable amie semblait ne respirer que pour elle. Parens, patrie, elle avait tout oublié pour celle qui lui était si chère. Décidée à périr avec elle, elle ne redoute d'autre malheur que d'en être séparée.

Oh! mon amie, lui disait souvent cette reine infortunée, pourquoi vous attacher à mon sort? Il en est peut-être temps encore, retournez auprès de M. de Penthièvre ; il ne paraît pas que l'on en veuille à ses jours ; les vôtres seraient en sûreté. — Non, non, s'écriait-elle, je ne vous abandonnerai jamais. — Enfin, l'heure terrible approche. Manuel et Pétion, soit de bonne foi, soit pour suivre le plan que les conjurés avaient formé depuis long-temps, font les plus grands efforts pour engager le roi à fuir ; mais c'est inutilement. Il ne manquera pas à la parole qu'il a donnée, de ne pas abandonner la capitale. Il ne livrera pas la France aux horreurs de l'anarchie, et encore moins au sceptre du duc d'Orléans. Il périra, il n'en doute pas, mais sans avoir rien à se reprocher. Les autorités voyant qu'il est inébranlable, et sachant que le château va être attaqué, proposent de repousser la force par la force. Celle du roi ne consiste que dans neuf cents Suisses et quatre cents gentilshommes : on compte cependant sur une partie de la garde nationale.

Dès le 9 au soir, le tocsin sonne de toutes parts. La nuit se passe dans les plus vives alarmes. Personne de la famille royale ne prend un instant de repos. Le roi, qui croit que sa dernière heure est sonnée, fait son testament, et se prépare à mourir plutôt en chrétien qu'en roi. Henri IV eût vu le danger comme Louis XVI, mais il eût joué le tout pour le tout; et montant à cheval, il ne serait pas tombé vivant au pouvoir de ses ennemis. Mais l'homme qui bravait la mort, comme le roi en a fait preuve aux 5 et 6 octobre, plus encore au 20 juin, était incapable de prendre un parti déterminé; et la crainte d'être responsable du sang qu'il eût fallu répandre, ne lui laissait pas la liberté d'agir avec la vigueur qu'il eût fallu montrer dans cet instant, où même, en ne suivant que la lettre de la loi, il était en droit, comme autorité constituée, de repousser la force par la force. Pétion en avait donné l'ordre par écrit à Mandat, qui fut égorgé sur les marches de l'Hôtel-de-Ville, afin de pouvoir lui enlever cette preuve qu'il n'avait obéi qu'à la volonté du maire.

Manuel et Rœderer ne quittèrent point le roi, et lui persuadèrent qu'il n'y avait de sûreté pour lui et sa famille que dans le sein de l'assemblée. Je ne justifierai ni ne blâmerai cette résolution ; les hommes ne jugent que par l'évènement. Si le roi avait trouvé les esprits de l'assemblée législative aussi bien disposés que ceux de la constituante, qu'ils lui eussent servi d'égide, qu'ils en eussent imposé aux brigands et rendu des lois sévères contre eux, le roi échappait encore une fois aux plus grands dangers, et on eût admiré sa prudence. Mais l'assemblée elle-même effrayée n'osa se déclarer pour cet infortuné monarque, et ne répondit à sa confiance que par un décret qui le suspendait de ses fonctions, et le retenait prisonnier. Alors tout le monde dit que le roi avait abandonné les personnes qui s'étaient dévouées à sa défense pour conserver sa vie, et il ne lui resta d'amis que le petit nombre de ceux qui partageaient ses fers.

Parmi eux, se trouva l'infortunée princesse de Lamballe. Elle s'était rendue à l'assemblée avec le comte François de la Rochefoucauld, qui lui donna le bras depuis le château jusqu'au Manége. Qui pourra peindre les dangers qui les accompagnèrent dans ce court espace ? Mais il n'en est aucun que madame de Lamballe ne veuille braver, pour ne pas abandonner la famille royale. Elle entre avec elle dans la loge du Logographe, ainsi que madame de Tourzel. Là, en présence de leurs plus mortels ennemis, tout épanchement de cœur leur est interdit ; il faut qu'elles dévorent les maux qui les déchirent. La reine, assise entre madame Elisabeth et madame de Lamballe, ose à peine laisser lire dans ses regards les pensées qui oppressent son âme. Ce n'est qu'en frémissant que la reine reçoit de ces dames les témoignages de leur attachement ; elle craint que ce ne soit l'arrêt de leur condamnation. Elle tend la main à madame de Lamballe, qui la serre avec la plus grande affection. Madame se penche sur le sein de sa mère qui tient son fils sur ses genoux. Madame de Lamballe console, rassure la jeune princesse qui apprend si jeune à souffrir. On prolonge le supplice de ces infortunés jusqu'à la fin du jour. Ils sont enfin conduits dans un logement des Feuillans, où quelques matelas jetés par terre offrent aux premiers princes du monde, un repos qu'ils ne trouveraient pas davantage dans les lits les plus somptueux.

Madame de Lamballe est près de madame Elisabeth. C'est sur cette triste couche que se passe cette nuit qui suivit le plus douloureux des jours. Quelques serviteurs fidèles leur avaient été laissés; mais bientôt on signifie à Louis XVI qu'il faut pour leur sûreté qu'il s'en sépare. Le roi répondit à M. Calon qui était porteur de cet ordre : *Je suis donc en prison, monsieur ; Charles I*^{er}*. fut plus heureux que moi, il conserva ses amis jusqu'à l'échafaud.* Puis se tournant vers ceux qui s'étaient dévoués à lui et dont on le séparait, il leur fait embrasser ses enfans, et semble leur dire un éternel adieu. La reine leur dit avec cette grâce qui la caractérisait : *Ce n'est que dans ce moment, messieurs, que nous commençons à sentir toute l'horreur de notre situation ; vous l'aviez adoucie par vos soins et votre dévouement ; ils nous avaient empêché de nous apercevoir jusqu'à présent, et notre reconnaissance....*

A ces mots, la garde monte pour les saisir, ils purent s'y soustraire par un escalier dérobé; ils se séparèrent ensuite pour ne pas être reconnus par le peuple. Ces cruelles anxiétés durèrent encore jusqu'au lundi 13 après-midi, qu'enfin cette famille infortunée fut conduite au Temple avec madame la princesse de Lamballe, madame de Tourzel, mesdemoiselles Thibault et Sainte-Brice, femmes-de-chambre de la reine; madame de Navarre, femme-de-chambre de la princesse; M. de Chamilly, premier valet-de-chambre; et M. Huë, valet-de-chambre du roi.

Dès que la reine fut entrée dans la prison, elle se jeta dans les bras de madame de Lamballe. — Vous avez voulu, mon amie, vous attacher à mon sort; vous voyez ce qui me reste de ma grandeur passée, des fers, et la mort qui nous attend. — Je le sais, madame, mais je le préfère à la destinée la plus brillante, puisqu'il n'en est aucune où je puisse vous donner une plus grande marque de mon attachement. Je tremblais qu'ils ne nous séparassent; mais dès que je suis assurée, ou de mourir, ou d'être délivrée avec vous, je me trouve heureuse. Le lendemain ces illustres prisonniers paraissent soumis à leur triste position : entourés de ceux qu'ils aimaient, ils retrouvèrent dans ces tristes murs au moins le repos et les soins de l'amitié. Le roi se livra dès l'instant à ceux de l'éducation de son fils, et aux consolations que les lettres offrent à l'être infortuné dont l'âme pure est capable d'en sentir la douceur. La reine, madame Elisabeth, madame de Lamballe et madame de Tourzel, cherchent à distraire, par les travaux de leur sexe, les funestes présages dont leurs âmes sont frappées ; elles y joignent des lectures instructives pour Madame, à qui elles apprennent à supporter avec constance les coups du sort. Mais ce que l'on a peine à se persuader, c'est que ceux dont les richesses étaient immenses il n'y avait pas encore trois jours, se trouvaient dans un tel état de dénuement, qu'ils manquaient des choses les plus nécessaires : tout avait été brûlé et pillé dans l'invasion du château.

Le roi et les princesses ne possédaient que ce qu'ils avaient sur eux au moment où ils quittèrent leur palais pour se rendre à l'assemblée. La multiplicité d'objets qui leur étaient nécessaires, obligeait d'écrire pour les demander. Cette correspondance éveilla les soupçons et servit de prétexte à la haine. Celle des ennemis de la reine n'était pas encore satisfaite, en la voyant dans les fers. L'amitié lui restait et adoucissait ses peines. Ces monstres résolurent de lui arracher cette dernière consolation. Forcés d'attendre, pour assouvir leur rage sur cette auguste princesse, l'issue du procès qu'ils se flattaient bien de faire intenter au roi, ils voulaient, dès cet instant, la frapper dans l'être qui, après son époux et ses enfans, lui était le plus cher. Il fut donc décidé qu'on lui enleverait madame de Lamballe, et cette femme angélique, à laquelle ces forcenés ne pardonnaient point son attachement pour la reine, fut dévouée à la mort. Les scélérats ne pouvant se flatter d'obtenir son arrêt juridiquement, l'exercice de toutes les vertus n'étant pas encore aux yeux des juges un motif de condamnation, se promirent de livrer la malheureuse princesse aux assassins, qui effrayaient alors la France de leurs crimes ; mais comme il était impossible d'espérer qu'ils parvinssent jusqu'aux prisonniers du Temple, qui étant sous la sauve-garde de la commune, seraient à l'abri de leurs coups, pour leur livrer cette victime innocente, on cherche donc les moyens de la faire sortir de ce lieu de douleur, et, pour y parvenir, on fit naître la défiance sur sa correspondance et celle de madame de Tourzel, avec les dehors de la prison, quoique leurs lettres fussent toujours communiquées aux commissaires qui étaient de garde au Temple ; et on paya les nommés Devin et Priquet pour faire une dénonciation en ces termes :

DÉCLARATION.

Pardevant nous commissaires préposés à la surveillance de Louis XVI, le 18 août à midi, est comparu le citoyen Devin, sous-officier de la compagnie ci-devant Monsieur, section du Luxembourg ; lequel nous a déclaré qu'étant en sentinelle sur l'escalier où donne la chambre de Louis XVI, il a vu, vers les onze heures, sortir de la chambre du milieu, une dame qui tenait trois lettres d'une main, et de l'autre a ouvert avec précaution la porte de la chambre à sa droite, d'où elle est sortie les mains vides, quelques instans après, pour rentrer dans la chambre du milieu. Devin ajoute qu'il a vu très-distinctement, pendant les deux fois que cette dame avait ouvert sa porte, une lettre à moitié écrite, et toujours avec précaution ; et nous témoignant ses inquiétudes sur la correspondance qu'il soupçonne exister, il nous a requis de saisir toutes lettres et papiers qu'il pourrait apercevoir entre les mains de toutes les personnes qui approchent Louis XVI ; sur quoi nous avons arrêté d'en référer aux représentans de la commune.

A l'instant est comparu J.-P. Priquet, garde national de la section de Saint-Sulpice, lequel nous a dit, qu'étant en sentinelle ce matin sur la galerie entre les deux tourelles, il a vu, par la fenêtre de la chambre du milieu, une dame écrire avec beaucoup d'attention et d'inquiétude pendant tout le temps de sa faction.

Lesquelles déclarations les susnommés n'ont pu signer, pour ne le savoir, ainsi qu'ils ont déclaré.

Le même jour, à la séance du soir, le conseil-général de la commune décerna un mandat d'amener contre toute la suite du roi.

Dès qu'il fut signifié, madame de Tourzel et madame la princesse de Lamballe se rendirent auprès de la reine : combien leur cœur ressentait douloureusement cette séparation ! En vain elle se flattait de les revoir. Un triste pressentiment avertissait madame de Lamballe qu'elle se séparait pour jamais de la reine. Eh ! mon amie, lui disait sa majesté, ils nous envient jusqu'à la triste douceur de répandre des larmes dans le sein de l'amitié. Je vais vous perdre, vous perdre peut-être pour toujours. Ah ! s'ils vous rendent la liberté, dès que nous ne pouvons plus être réunies, je vous conjure, au nom de l'amitié la plus tendre, de mettre vos jours en sûreté. Pensez que l'idée de vos périls rendra mes derniers momens plus cruels. — Allez rejoindre Clotilde, ajouta madame Elisabeth, allez lui dire ce que nous avons souffert, et les maux qu'on nous destine encore. Consolez-la de notre mort, si elle est décidée, comme je n'en doute pas; vous pleurerez ensemble des sœurs, des amis, qui devaient espérer un sort plus heureux. Vous prierez toutes deux le Dieu de toute bonté de nous donner le courage de supporter nos malheurs. — Croyez, interrompit la reine, que celui qui vous enlève à nous, n'est pas le moins cruel que nous puissions éprouver. — Madame de Lamballe, le cœur oppressé par sa douleur, ne pouvait répondre à ces témoignages de bonté que par ses larmes; celles de madame de Tourzel coulèrent avec la plus grande abondance, en se séparant de M. le Dauphin, qui la retenait dans ses petits bras. Madame, plongée dans la plus profonde tristesse, la serrait dans les siens. Pas un mot, pas une plainte n'échappèrent de sa bouche; il semblait qu'elle s'essayait par cette première séparation à toutes celles que les barbares lui feraient éprouver.

Il était près de minuit quand on leur réitéra l'ordre de quitter le Temple. Madame de Lamballe se jette encore une fois dans les bras de la reine, la serre contre son cœur; et faisant un dernier effort, elle se dispose à suivre les commissaires, s'arrête à la porte de la chambre du roi, où toute la famille était rassemblée, jette un regard douloureux sur ces illustres captifs, et prononce pour jamais ce mot terrible dans leur situation, *adieu*. Et ce fut le dernier qu'elle leur adressa.

Mesdames de Lamballe et de Tourzel furent conduites à la commune avec les autres personnes que j'ai déjà nommées. Toutes furent interrogées séparément. Je ne transcris ici que l'interrogatoire de la princesse de Lamballe.

Dem. Quels sont vos noms ?

Rép. Marie-Thérèse-Louise de Savoie Bourbon-Lamballe.

D. Quels sont les renseignemens qui sont à votre connaissance sur la journée du 10 août ?

R. Aucun.

D. Où avez-vous passé cette journée ?

R. Comme parente, j'ai suivi le roi à l'assemblée nationale.

D. Vous êtes-vous couchée la nuit du 9 au 10 ?

R. Non.

D. Où étiez-vous alors ?

R. Dans mon appartement au château.

D. Ne vous êtes-vous pas rendue chez le roi dans la nuit ?

R. Voyant qu'il pourrait y avoir du

bruit, j'ai passé dans son appartement vers une heure du matin.

D. Vous devez avoir eu connaissance que le peuple était insurgé ?

R. Je l'ai appris en entendant sonner le tocsin.

D. Avez-vous vu les Suisses et les gardes nationaux qui ont passé la nuit sur la terrasse ?

R. Je me suis mise à ma fenêtre ; mais je n'en ai vu aucun.

D. Le roi était-il chez lui quand vous vous y êtes rendue ?

R. Il y avait beaucoup de monde, mais le roi n'y était pas.

D. Vous avez su que le maire de Paris était aux Tuileries ?

R. J'ai appris qu'il y était venu.

D. A quelle heure le roi s'est-il rendu à l'assemblée nationale ?

R. A sept heures.

D. N'avait-il pas, avant de s'y rendre, passé les troupes en revue ? savez-vous le serment qu'il leur a fait prêter ?

R. Je n'ai pas entendu dire qu'il y eût un serment.

D. Avez-vous connaissance qu'il y ait eu des canons montés et braqués dans les appartemens ?

R. Non.

D. Avez-vous vu dans le château MM. Mandat et d'Affry?

R. Non.

D. Connaissez-vous les portes secrètes des Tuileries?

R. Je ne les connais pas.

D. N'avez-vous pas, depuis que vous êtes au Temple, reçu et écrit des lettres que vous avez cherché à faire passer d'une manière furtive?

R. Je n'ai jamais reçu, ni écrit de lettres qu'elles n'aient été remises à un officier municipal.

D. Avez-vous connaissance d'un ameublement qui se fait pour madame Elisabeth?

R. Non.

D. N'avez-vous pas reçu, depuis peu de temps, des livres de dévotion?

R. Non.

D. Quels sont les livres que vous avez au Temple?

R. Je n'en ai aucun.

D. Avez-vous connaissance d'un escalier barré?

R. Non.

D. Quels sont les officiers-généraux que vous avez vus aux Tuileries, dans la nuit du 9 au 10?

R. Je n'ai point vu d'officiers-généraux ; je n'ai vu que M. Rœderer.

Ces inutiles formalités durèrent presque toute la nuit. Qu'on se dépeigne tout ce que devait souffrir la femme infortunée dont j'écris les mémoires. Jusqu'à ce moment elle n'avait éprouvé d'autres maux que ceux que son amitié lui faisait partager ; mais les jours de calamités sont arrivés pour elle.

La tâche qui me reste à remplir me glace d'effroi. Je ne jette qu'en tremblant les yeux sur les preuves trop avérées de ses horribles souffrances : mon cœur frémit à leur souvenir ; je crains d'être au-dessous de mon sujet. La stupeur que j'éprouve en parcourant ces monumens sanglans, semble enchaîner ma plume : à force de sentir, je ne puis m'exprimer ; et ce n'est qu'avec une peine extrême que je vais suivre cet affreux récit.

Les magistrats, qui se disaient ceux du peuple, firent reparaître à la barre tous ceux qu'ils avaient interrogés ; et par un raffinement de cruauté, ils parurent satisfaits de leurs réponses, et leur demandèrent s'ils voulaient reprendre leurs services : ce n'était qu'un piége pour s'assurer de leur attachement à la famille royale. Ils répondirent tous affirmativement qu'ils le voulaient, et espérèrent qu'on les transférerait au Temple : mais on leur enleva bientôt cette douce idée, et on ne s'occupa plus que de savoir si on leur rendrait la liberté ou s'ils seraient mis en arrestation. Le conseil ne voulut rien prendre sur lui ; on s'en rapporta aux *lumières* de Manuel et de Pétion, et on fit reconduire ces êtres infortunés dans une salle de la commune, où ils avaient passé la nuit. Enfin Manuel les manda pour la troisième fois à la barre.

Après un discours préparé pour la multitude qu'il fallait toujours tromper, Manuel s'adressant à madame de Tourzel et à madame de Lamballe, l'une princesse du sang et l'autre gouvernante des enfans de France, leur dit :

« Mesdames, le conseil-général, dans sa sagesse, vient d'arrêter que vous resterez en arrestation jusqu'à nouvel ordre ; vous pouvez choisir entre deux maisons d'arrêt, celle qui pourra mieux vous convenir ; il s'agit de la Force ou de la Salpétrière ».

La princesse, qu'un tel nom devait

révolter, répondit avec autant de calme que de dignité : *qu'on nous conduise dans la première que vous avez nommée.* Et elles furent aussitôt transférées au petit hôtel de la Force, et remises sous la garde de la femme Héandre, à qui la surveillance de cette maison fut confiée. Il était une heure après midi ; ainsi il y en avait treize que cette princesse était en butte aux regards de la plus vile espèce d'hommes, accablée d'injures, n'ayant pu prendre un moment de repos; privée de l'espoir d'être reconduite au Temple; pensant à la douleur et à l'inquiétude de la reine et de madame Elisabeth ; enfin succombant à la fatigue et aux chagrins, quand on la plongea dans ce gouffre, dont elle ne sortit que pour être livrée aux bourreaux que des monstres payèrent pour terminer sa vie d'une manière si cruelle.

D'abord le conseil avait décidé qu'elle serait séparée de madame de Tourzel. Manuel, qui n'aimait ni Dieu ni les rois, n'était pas aussi indifférent aux charmes de la beauté. Il ne put se défendre de l'impression que lui fit celle de madame de Lamballe, qui, malgré qu'elle eût atteint quarante ans, conservait toutes les grâces de la jeunesse ; et voulant adoucir autant qu'il le pouvait la situation de cette princesse, il changea la disposition du conseil, et permit que ces dames restassent ensemble.

Madame N***, femme-de-chambre de madame de Lamballe, ne la quitta pas non plus. C'est par elle que j'ai su une grande partie des tristes détails que je vais rapporter. S'il existe quelque douceur pour les infortunés, ce ne peut être que dans la possibilité d'épancher leurs douleurs dans le sein de l'amitié. Depuis l'instant où madame de Lamballe avait été séparée de tout ce qui lui avait été cher, elle ne pouvait jouir de cette triste satisfaction. Enfin arrivée à la Force, elle put mêler ses larmes à celles de madame de Tourzel, qui elle-même en avait répandu de si amères sur le sort de sa chère Pauline, réunie avec elle et madame la princesse de Tarente ; à qui elle devait l'honneur et la vie de sa fille. Elles purent parler sans cesse des objets qui les intéressaient ; elles surent les vives alarmes de la reine lorsqu'elle ne les vit pas revenir au Temple; et le chagrin qu'elles ne doutaient pas que sa majesté en avait conçu, ajoutait à celui qui les dévorait.

O mon Dieu ! disait madame de Lamballe, exaucez ma prière, protégez le roi et sa famille, récompensez leur courage et leur résignation à vos volontés, en les délivrant de leurs ennemis. Acceptez le sacrifice de ma vie pour sauver la leur; et, s'ils doivent périr, faites que nous nous retrouvions dans les demeures célestes. Ah ! mesdames, disait-elle aux compagnes de ses infortunes, convenez qu'après tout ce que nous avons souffert dans ces augustes personnes, si elles ne doivent jamais recouvrer leur ancienne splendeur, si de tout ce qu'elles possédaient il ne leur reste que les murs inaccessibles de leur prison, si nous ne devons jamais les revoir, convenez, dis-je, qu'il vaudrait mieux mourir. Aussi j'attends cet instant sans trouble. Ma conscience est pure, et j'espère que celui qui est la source de toute miséricorde me recevra dans son sein. — Ces dames cherchaient à éloigner de cette malheureuse princesse ces tristes présages que l'évènement n'a que trop justifiés. Cependant ses ennemis n'avaient pas été aussi loin pour s'arrêter. Après avoir été la cause de la captivité de leur roi et de sa famille, aucun forfait ne pouvait les étonner, et ils se décidèrent au plus atroce qu'ait épouvanté la terre. Les prisons regorgeaient d'infortunés que la faction faisait incarcérer chaque jour; presque tous étaient innocens; et quelque vendus que fussent les juges aux jacobins, ils ne pouvaient se flatter qu'ils les immoleraient tous par le fer sacré des lois, et ils devaient craindre au contraire que la plupart ne fussent remis en liberté. D'ailleurs ces procédures auraient été très-longues. On avait déjà convoqué une convention nationale qui devait être revêtue d'immenses pouvoirs. Malgré les précautions que les meneurs se proposaient de prendre pour les élections, rien ne pouvait les assurer qu'ils y auraient la même influence que dans la législative, qu'ils avaient effrayée par leurs rugissemens. Il était donc instant de ne pas perdre un moment aussi favorable à leurs projets.

Celui qui occupait le plus ces monstres était la perte de madame de Lamballe. Mais ne voulant pas la livrer seule à ses assassins, ils décidèrent que des milliers de victimes périraient avec elle. C'est au milieu de l'affreuse joie d'une orgie où se trouvaient Manuel, Pétion, Marat, Danton, et Roberspierre, qui ne faisait encore que préluder dans la carrière du crime où il a devancé ses rivaux d'une manière si effrayante, que l'on résolut la perte de tous ceux qui languissaient dans les prisons. Chacun osa proposer les moyens que sa scélératesse imaginait. Danton veut que les prisons soient livrées aux flammes, et se fait un tableau ravissant de voir au travers des tourbillons de fumée, des femmes, des vieillards expirant sous des décombres embrasées, invoquant inutilement des secours qui leur seraient refusés. Manuel, qui est un peu plus de sang-froid, réfléchit qu'on ne peut mettre le feu aux prisons, sans exposer toutes les maisons qui les environnent au même sort; que ce serait envelopper les innocens dans la proscription des coupables, et le projet est rejeté.

Roberspierre en propose un autre : Descendons-les dans les cachots, dit-il, et au moyen des pompes qu'ils y trouvent là mort. — Elle serait trop lente et trop incertaine, dit Marat; il est un moyen bien plus sûr et où le peuple prendra part avec plaisir. J'ai soixante garçons bouchers dont je suis sûr. Ces hommes sont accoutumés au sang; il sera facile de les déterminer à tuer tous ces aristocrates, qui, au fait, sont moins innocens que les moutons que les bouchers égorgent par milliers. — Bravo! bravo! crient ces buveurs de sang; il ne faut plus que prouver au peuple que cette exécution est juste, et rien n'est aussi facile; il faut le rendre juge de ces grands coupables : que tout dans cette vengeance populaire porte le grand caractère de la souveraineté; que des juges soient nommés; que l'on interroge les criminels, et que ce ne soit que d'après leurs réponses qu'ils soient livrés aux exécuteurs. Ainsi, nous ne pourrons encourir le reproche d'avoir fait périr des innocens. — Manuel et Pétion frémissent à cet affreux projet que Robespierre et Danton embrassent avec transport. — Il faut, ajoute Marat, tout disposer de manière à ôter aux victimes du plus juste courroux la douleur d'entendre prononcer leur condamnation; qu'au moment même où leur sort sera décidé, ils croyent y échapper; et que le mot, *qu'on fasse sortir monsieur* ou *madame*, soit l'arrêt de mort. Ainsi, le peuple se montrera sensible jusques dans l'exercice le plus important de sa puissance, celui de punir ceux qui veulent l'égorger. — C'est ainsi que cet homme qui ne respire que le sang, ose profaner le mot sensibilité, et se justifie à lui-même le plus affreux des forfaits. — Ces malheureux se séparent.

On cherche un homme capable de faire une dénonciation qui trompe le peuple : c'est parmi ceux qui étaient enfermés pour un délit contre la société, qu'il se trouve un scélérat que l'espoir d'échapper à la punition qu'il mérite engage à ce comble d'horreur.

« Nicolas Bien-Aimé, du département de la Meuse, a déclaré que depuis dix mois il était à la Force, de l'ordre de M. Néau, sur la réquisition d'un commissaire des Filles-Dieu; et que, depuis le 10, un juge de paix ayant resté prisonnier pendant deux jours à la Force, il revint voir le lendemain deux autres juges de paix aussi prisonniers; a déclaré qu'en entrant et en sortant, il avait délivré aux *pailleux* des billets de cinq livres, et a ajouté que le bruit courait, les vendredi et samedi précédens, que sous deux ou trois jours les prisonniers devaient être délivrés et armés; et a signé la présente déclaration en présence de témoins, ce 3 septembre 1792, l'an 4 de la liberté et de l'égalité. Le premier ainsi signé, Bien-Aimé; et en outre contresigné par Reigner et Jaucourt : certifié véritable, Boursault, électeur ».

Cependant, des bruits sourds se faisaient entendre dans la prison qui renfermait madame de Lamballe; et la terreur qui se peignait sur tous les fronts, annonçait à tous que leur dernier moment approchait ; mais personne ne savait encore quel serait le moyen que ces barbares emploieraient. Manuel, qui était moins féroce que ses complices, et qui calculait que son indulgence pourrait être utile à sa fortune, se laissa fléchir par les parens et les amis des détenus, et chargea Truchon, dit la Grande-Barbe, de faire sortir 24 femmes du petit hôtel de la Force. De ce nombre furent madame de Tourzel, sa fille, mesdames Thibaut, Saint-Brice, etc.

C'était le 2 au matin. Madame de Tourzel ne se sépara pas, sans la plus vive douleur, de madame de Lamballe. Celle-ci, dont le courage égalait la résignation, ne sentit que la joie de voir échapper quelques victimes; et restée seule avec madame N***, elle ne douta plus que son sort ne fût décidé.

Cependant, les bruits se répandaient dans Paris que les prisonniers allaient être égorgés. Les conjurés ne faisaient pas un mystère de leurs complots. Déjà les soixante égorgeurs étaient réunis. On les tenait depuis 24 heures dans une salle de l'Hôtel-de-Ville, où ils étaient gorgés de vin et de liqueurs fortes. Là, on leur répétait qu'ils étaient destinés à sauver la patrie, et qu'il n'y avait que leurs bras qui pussent garantir Paris, que les prisonniers devaient, en brisant leurs fers, mettre à feu et à sang; et ces hommes, que leur profession rend inaccessibles à la pitié, jurèrent de remplir les horribles fonctions dont on les chargeait. Et quand on pense que c'est pour une somme de 48 livres par *tête* qu'ils se souillèrent de ces meurtres, on ne comprend pas jusqu'où l'ivresse peut mener les hommes.

Je sais d'une personne que ses affaires avaient conduite, le 4 septembre, chez la femme d'un des chefs de cet horrible complot, qu'elle y vit venir un de ces bourreaux pour chercher ce modique salaire, que cette femme lui paya avec autant de tranquillité que si elle eût acquitté la dette la plus légitime. Ce fait, je puis l'assurer ; et si je ne nomme pas celle chez qui il s'est passé, ce n'est que pour ménager la famille de ce monstre.

M. le duc de Penthièvre, depuis l'arrestation du roi, languissait dans son lit, accablé de la plus vive douleur. Le danger de madame de Lamballe vint mettre le comble à ses tourmens. Il charge un homme de confiance de chercher les moyens de soustraire cette infortunée au sort qu'on lui prépare. Déjà on avait su que madame de Tourzel était en sûreté ; on n'ignore pas que c'était Manuel qui l'avait délivrée, moyennant une somme assez forte. N'épargnez rien, dit le prince : la moitié de ma fortune, s'il le faut, je l'emploierai pour la sauver. — On ne perd pas un instant ; on se rend chez Manuel : l'accord est accepté ; il reçoit cent cinquante mille livres pour sa rançon. Manuel avait une sorte de loyauté ; il tenait fidèlement ses promesses, et assura que, par intérêt même pour madame de Lamballe, il répondait de sa vie. Cette promesse tranquillisa M. de Penthièvre ; mais il pense aux inquiétudes que devait éprouver sa belle-fille, et veut que l'on cherche tous les moyens pour la calmer, en faisant passer à madame N*** un billet qui, sans compromettre personne, donna à la princesse la certitude qu'elle ne sera pas comprise dans les massacres dont les prisons sont menacées.

Au moment où madame de Lamballe donnait à la nature le tribut que l'on ne peut lui refuser dans ces douloureux instans, que ses larmes coulaient sur le sein d'une femme dont la fidélité lui est connue, un prisonnier entre dans sa chambre, glisse un papier dans la main de madame N***, et ressort aussitôt ; elle l'ouvre avec précipitation, et à peine l'a-t-elle lu, qu'elle tombe aux genoux de la princesse, en lui disant : Vous serez sauvée, madame, voilà ce qu'on m'écrit.

BILLET D'UNE MAIN INCONNUE,

DU 2 SEPTEMBRE 1792.

Soyez tranquille, M*** a promis la vie à celle qui vous est chère. Dites-lui que, quelque chose qui arrive, elle se tienne enfermée dans sa chambre et n'en descende point.

Quelque douloureuse que soit la situation où les malheureux se trouvent, l'idée de la mort et d'une mort violente est si cruelle, qu'il est impossible que l'on ne ressente pas quelque joie d'y échapper. Aussi madame de Lamballe ne put se défendre d'un sentiment de reconnaissance pour l'être généreux qui l'arrachait aux dangers dont elle était menacée, et, se précipitant dans les bras de madame N***, elle se livre un instant à la joie.

C'est M. de Penthièvre, dit-elle, c'est lui seul qui aura trouvé le moyen d'adoucir ces tigres. O mon bon et digne père ! je vous devrai donc la vie; je l'emploierai à adoucir vos derniers momens. Et vous, êtres infortunés, que le Temple renferme, si jamais nous sommes réunis, quels détails n'aurons-nous pas à nous raconter de tout ce que nous aurons souffert! — Madame, disait madame N***, si votre altesse échappe à ce danger, comme je n'en doute pas d'après ce billet, je vous conjure, par notre tendre attachement, par l'affection de monseigneur, de ne plus vous exposer. Que pouvez-vous faire pour secourir la famille royale? elle est au pouvoir d'hommes que le peuple rend si puissans! Dès que vous serez sortie d'ici, il faut, ou quitter la France, si cela est possible, ou rester auprès de monseigneur, qui est si aimé dans ses terres, qu'il ne lui arrivera, j'en suis sûre, aucun malheur. Là vous attendrez la fin de ces tragiques évènemens. Vous avez donné à la reine les plus grandes marques d'attachement; il ne vous est plus possible de vous réunir à elle, et vous devez au prince qui attend de vous les seules consolations qu'il peut recevoir, de vous conserver pour lui. Promettez-moi, je vous en conjure, de ne plus vous exposer; et la princesse le lui promit.

Cependant le sang coulait déjà à l'Abbaye, et l'horrible tribunal était organisé. Une multitude, séduite par les noires calomnies que Marat et Danton faisaient répandre, restait tranquille spectatrice de ces abominables exécutions, et ne semblait donner des signes d'existence que pour applaudir au triomphe de ceux qui échappaient au carnage. Jamais, jamais on eut d'exemple d'une pareille inertie; les autorités constituées sont muettes, les honnêtes gens s'enferment dans leurs maisons : il semble que ceux que l'on égorge soient étrangers dans leur propre patrie. Il n'appartient pas à ces mémoires de tracer les scènes d'horreur que tant d'écrits ont consignées, pour effrayer un jour la postérité. Je ne dois d'autres détails que sur la fin cruelle de celle dont j'écris la vie : tâche, je le répète, assez pénible pour que je ne cherche pas à en augmenter l'horreur par le récit de faits qui ne sont pas personnels à madame de Lamballe.

Depuis vingt-quatre heures, la Seine épouvantée recevait dans ses flots le sang et les membres épars des victimes qui tombaient sous le fer des égorgeurs; et Manuel, fidèle à l'engagement qu'il avait pris avec M. le duc de Penthièvre, avait sauvé madame de Lamballe des premières exécutions de la Force; mais si elle se croyait en sûreté, son cœur n'en était pas moins déchiré par les cris des mourans qui retentissaient jusqu'à elle. La nuit du 2 au 3 fut terrible : en vain elle espère que le sommeil écartera ces douloureuses images, elles ne se présentent que sous de plus sinistres couleurs. O mon amie! dit-elle à madame N***, qui veillait près de son lit, quel songe affreux s'est offert à moi! je me suis crue traduite à cet affreux tribunal. Le peuple me voyait sans colère. J'espérais échapper aux bourreaux, quand tout-à-coup Marat se présente; il me saisit, me traîne par mes longs cheveux sur un monceau de cadavres : là il m'égorge, et je respirais encore lorsqu'il m'arracha le cœur que ce monstre dévora. En achevant ces mots, la princesse tombe sans connaissance dans les bras de madame N***; des convulsions s'emparent de ses membres délicats; sa triste compagne la rappelle à la vie, l'assure que ce songe ne sera pas réalisé; lui fait relire le billet qu'elle avait reçu la veille, et lui fait observer que si sa mort avait été décidée, c'eût été par elle que ces furieux eussent commencé.

Le 3, à huit heures du matin, deux hommes entrèrent dans la chambre de madame de Lamballe, et lui apprirent qu'elle va être transférée à l'Abbaye. Prévenue par le billet de l'inconnu que sa sûreté consistait à ne point descendre de sa chambre, *elle répondit que, prison pour prison, elle aimait autant rester dans celle où elle était que d'aller dans une autre.* Savez-vous, ajouta-t-elle, des nouvelles de madame de Tourzel et des autres femmes de service chez la reine? « Elles sont en sûreté, répondirent-ils ». La figure de ces sinistres agens du crime ne rassura pas madame de Lamballe; elle persista dans le refus de les suivre, et ils se retirèrent.

Vous voyez, dit madame N***, que l'on n'a point insisté pour vous faire sortir de votre chambre; ces hommes sont instruits des volontés de Manuel, qui certainement est désigné dans le billet par la lettre *M*.

Ils auront été obligés d'entrer dans votre chambre comme dans celle des autres prisonniers, afin que l'on ne soupçonne aucun accord : mais ils savaient que vous leur feriez cette réponse, et ils s'en sont contentés. Ainsi, madame, il n'y a plus rien à craindre ; et vous êtes certaine que vous ne serez point au nombre des victimes que l'on égorge au nom du peuple. — Hélas ! reprit madame de Lamballe, on ne sait dans cette crise affreuse ce que l'on préfère de la vie ou de la mort; il est si douloureux d'être témoin de semblables horreurs ! Cependant, je ne le dissimule pas, rien ne me paraît plus terrible que de tomber vivante dans les mains de ces barbares. L'échafaud ne présente pas une idée affreuse comme celle de se voir déchirer par des monstres, d'entendre leurs cris de joie féroce, de n'ouvrir les yeux que pour être frappée de l'aspect horrible de ces cannibales. Oui, je l'avoue, je marcherais sans faiblesse au supplice ; mais je ne résisterai pas à l'effroi que j'éprouverai, si je me trouve livrée à ces monstres ; et ce qui me console, c'est qu'ils ne m'auront que dans un état d'anéantissement, si semblable à la mort, que je ressentirai à peine leurs atteintes. — Eloignez, madame, reprenait madame de N***, ces affreuses idées, et soyez certaine que vous resterez ici tout le temps de ces terribles exécutions.

En effet, c'était l'intention de Manuel ;

mais ceux qui avaient décidé la mort de madame de Lamballe, ayant appris l'accord qui avait été fait entre le procureur de la commune et l'agent de M. le duc de Penthièvre, se promirent de le rendre inutile ; et lorsque les deux hommes, qui étaient entrés dans la chambre de la princesse, eurent rendu compte de leur mission, ils obtinrent qu'on députât un de leurs agens au conseil général de la commune, qui était resté constamment assemblé ; et malgré l'opinion de quelques auteurs, il est certain que Manuel et Pétion ne sortirent pas de l'Hôtel-de-Ville. Quand le conseil eut entendu le rapport du Grand-Nicolas, un membre dit : Cela ne dépend pas de nous ; il n'appartient qu'au peuple d'ordonner de la vie ou de la mort des prisonniers. Tant qu'il n'appellera pas la vengeance contre l'amie d'Antoinette, nous consentons qu'elle vive. Mais ils donnèrent un ordre secret pour que quelques égorgeurs se mêlassent avec cette troupe qui assiégeait la porte de la prison, et dont la barbare curiosité semblait se repaître avec complaisance des meurtres qui se faisaient sous ses yeux et en son nom. Manuel ne signa cet ordre qu'avec la plus grande répugnance; mais, enfin, la crainte d'être découvert l'y contraignit.

Aussitôt que le Grand-Nicolas fut de retour, on exécuta l'ordre, signé Pétion et Manuel : les égorgeurs, mêlés au peuple, firent circuler le bruit d'une prétendue trahison de la princesse dans la nuit du 9 au 10 août. De l'argent que l'on répandit accrédita ces mensonges.

Cependant on eut beaucoup de peine à déterminer ces hommes qui avaient déjà vu périr tant de victimes à y joindre celle dont j'écris les tristes mémoires : et ce ne fut qu'à onze heures du matin que quelques voix crièrent : *La Lamballe! la Lamballe!* Ces sons précurseurs du carnage arrivèrent jusqu'au triste séjour de la princesse. Son cœur en fut glacé d'effroi; elle tomba sur ses genoux, et, levant les yeux au ciel, elle lui adressa cette prière : O mon Dieu! je suis donc arrivée au dernier terme de la vie : gloire, richesse, crédit, grandeur, beauté, jeunesse, tout a disparu; il ne me reste que le peu de bien que j'ai fait. Me voilà sous tes yeux, Etre des Etres; prends pitié de ta faible créature, délivre-moi de l'horreur de ce moment affreux. Ma vie est dans tes mains : termine-la, grand Dieu, avant que l'on m'arrache de cet asile. Mais, non, les cris redoublent ; ils vont venir, tout mon sang se glace, mes cheveux se hérissent sur mon front. Ah! puissé-je mourir ! Mon Dieu, recevez le sacrifice de ma vie; sauvez le roi et sa famille, et donnez à celui qui depuis plus de vingt ans me tient lieu de père, la force de supporter le chagrin que lui causera ma mort. Ah ciel! ils viennent, ma chère madame N***, où me cacher? dérobez-moi à leur fureur, j'en ressens déjà les coups. Elle n'avait pas prononcé ces mots, qu'elle tomba sans mouvement dans les bras de madame N***, qui elle-même, frappée de terreur, avait à peine la force de la soutenir. Elle la reporta néanmoins sur son lit, et, pressant de ses lèvres sa main glacée qu'elle mouille de ses larmes, elle ne sait si elle doit ou non employer des moyens pour la rappeler à la vie, bien sûre, aux clameurs qu'elle entend, qu'il est impossible que la princesse échappe à son sort.

Cependant il se fait un moment de silence, et madame de Lamballe ouvre les yeux; mais l'excès de la frayeur a troublé sa raison. Où suis-je? dit-elle en ouvrant les yeux; qui m'a conduite ici? où est ma mère? Pourquoi ces longs habits de deuil? Que sont devenues les fêtes de mon hymen? Qui a changé son flambeau en torches funèbres? Pourquoi me faire traverser les montagnes? où me menez-vous? à la mort, à la mort la plus horrible. Ma mère! ma mère! ah! ne consentez pas que je m'éloigne du pays qui m'a vu naître. Pourquoi me force-t-on de te quitter? Que vais-je chercher? la mort, la mort la plus horrible. Et elle retombe dans la plus parfaite immobilité.

Elle en est bientôt tirée par le bruit de la porte de la prison, que les mêmes hommes, qui étaient venus le matin, ouvraient avec fracas. — Venez, on vous attend, lui dit l'un d'eux. — Qui êtes-vous? lui répond la princesse. — Que vous importent nos noms? Je m'appelle le Grand-Nicolas, et je viens par ordre du conseil de la commune et des comités de salut public et de sûreté générale, qui vous ordonnent de venir à l'instant parler à leurs commissaires qui vous attendent là-bas.

Quels sont ces commissaires? reprit la princesse d'une voix faible. — Qu'est-ce que cela vous fait? il faut obéir, ou l'on saura bien vous y contraindre. — Laissez-moi donc le temps de passer une robe. — Ils ne répondirent rien, et sortirent. — O mon amie ! ma seule et dernière consolation, dit la princesse, en se jetant dans les bras de madame N***, c'est fait de ma vie..... Recevez mes dernières volontés. S'il est possible d'arracher mes tristes restes à ces barbares, qu'ils soient déposés à Vernon, près de l'époux que j'ai toujours regretté. Heureuse si la tombe où il a été renfermé fût devenue dès ce temps mon asile ! Portez à mon respectable père, M. le duc de Penthièvre, les assurances de mon respect et de ma tendresse. Dites-lui qu'instruite par son exemple de la vérité de la religion chrétienne, je meurs dans ces sentimens, et que je pardonne à mes assassins. Voyez ma sœur d'Orléans, dites-lui que je l'aimais tendrement, et que son sort m'inquiète, même dans cet affreux moment. Je ne crois pas, non, je ne me flatte pas que vous revoyez jamais la reine : mais si elle échappe aux coups qui menacent tout ce qui tient aux Bourbons, rappelez-lui l'amie la plus tendre qu'elle ait eue, et qui s'estime heureuse en mourant pour elle. — Eh bien ! avez-vous bientôt fini ? dit le Grand-Nicolas, qui était resté sur le pallier. — Qu'ils sont impatiens de commettre le crime ! — Ah ! madame, dit madame N***, qui fondait en larmes, il faut espérer qu'il se trouvera parmi ces monstres quelques âmes sensibles. — Leurs voix seraient étouffées. Non, il n'y a plus d'espoir. — Ces hommes sanguinaires, qui regardaient comme perdu tout le temps où ils ne faisaient pas couler le sang, appellent de nouveau. Madame N*** leur ouvre la porte.

En voyant la princesse vêtue d'une simple robe blanche, ses beaux cheveux renfermés sous un bonnet sans aucun ornement, mais belle de ses seuls attraits (l'air abattu qu'elle avait prêtait un charme douloureux à ses grâces naturelles), ces bourreaux furent un moment indécis ; mais la soif du sang et de l'or fit bientôt taire ce mouvement involontaire de sensibilité ; et, la prenant rudement par les bras, ils la firent descendre et traverser la cour du petit hôtel de la Force.

Là, rien ne portait encore de marque des horreurs qui s'étaient commises dans ces tristes lieux ; mais quand on eut ouvert la porte de communication qui donnait dans le grand hôtel de la Force, que cette malheureuse princesse vit dans ces cours des mares de sang, elle éprouva un si violent saisissement, que ses genoux se dérobèrent sous elle; ses farouches satellites, la soutenant sous les bras, la forcèrent d'avancer. Elle parvint jusqu'aux lieux où l'infâme Ceyrac (1) présidait ce tribunal de sang. A l'aspect de ces hommes qui en étaient couverts, et dont les bras nus et rougis, ainsi que leurs armes, n'annonçaient que trop à quel excès de fureur ils s'étaient portés contre ceux qu'ils avaient jugés, l'infortunée perdit entièrement l'usage de ses sens. Madame N***, qui ne l'a pas quittée un moment, la soutient dans ses bras, la rappelle à la vie, et lui donne par ses soins la possibilité de répondre à l'interrogatoire de ces monstres, dont étaient Monneuse (2) et Dangers (3), officiers municipaux, revêtus de leurs

---

(1) Président du comité des égorgeurs des prisons des 2 et 3 septembre, déporté par l'arrêté du 4 nivose an 9.

(2) Pierre-Martin Monneuse, ancien marchand mercier, puis marchand de vin, déporté en vertu de l'arrêté des consuls, du 14 nivose an 9, pour suite de l'évènement de la rue Nicaise, du 3 dudit mois.

(3) Claude-François Dangers, administrateur de police, condamné et exécuté à mort

écharpes. Ce fut Fieffé, greffier de la Force, qui lui fit les questions suivantes :

Demande. Qui êtes-vous?

Réponse. Marie - Thérèse - Louise, princesse de Savoie.

D. Votre qualité?

R. Surintendante de la maison de la reine.

D. Avez-vous connaissance des complots de la cour au 10 août?

R. Je ne sais s'il y avait des complots le 10 août; mais, ce que je sais, c'est que je n'en avais nulle connaissance.

D. Jurez la liberté, l'égalité, la haine pour le roi, pour la reine et la royauté?

R. Je jurerai facilement les deux premiers; je ne puis jurer les derniers, car ils ne sont pas dans mon cœur.

On assure qu'un ancien valet-de-chambre de la princesse, qui avait appris le danger qu'elle courait, s'était mêlé à cette troupe de scélérats pour tâcher de la sauver; qu'il s'approcha d'elle et lui dit tout bas : Jurez donc, si vous ne voulez pas mourir. Cette vertueuse princesse, qui ne peut supporter l'idée

---

le 29 prairial an 2, comme complice de l'assassinat de Roberspierre et de Collot-d'Herbois : il a subi son supplice avec une chemise rouge.

de racheter sa vie par un blasphème, porte sa main sur ses yeux et ne répond rien. Alors le juge dit : *Qu'on fasse sortir madame.* On se rappelle ce que signifiait ce mot. Cependant on croit que Fieffé avait le désir de la sauver ; car, au moment où elle passa le guichet, on lui réitéra encore le conseil de crier *vive la nation!* Mais par un concours de circonstances, dont celui qui se joue de toute prudence humaine se sert pour nous conduire au but où il veut nous amener, madame de Lamballe, en passant la fatale porte, aperçut les restes palpitans des victimes que l'on venait d'immoler. Le premier pas qu'elle fait est dans leur sang ; alors, toute occupée de cet affreux spectacle, et ne pensant point à ce qu'on lui demande, elle s'écrie : *Ah! quelle horreur!* La multitude attache à cette exclamation si naturelle l'idée du mépris pour le nouvel ordre de choses. Alors toute pitié est éteinte, et sa mort est jurée. Elle le vit, et dit : *Je suis perdue.* Et ce furent ses dernières paroles. Les bourreaux s'en emparent et la traînent au lieu du supplice : mais comme elle l'avait prévu, sa frêle machine ne put supporter l'effroi qu'elle éprouve ; et, perdant l'usage de ses sens, ce n'est plus qu'un être inanimé qu'ils ont en leur puissance.

Cependant quelques serviteurs fidèles de M. le duc de Penthièvre, frémissant à l'idée de voir déchirer leur digne maîtresse par cés forcenés, hasardent d'une voix tremblante le cri de GRACE, que quelques voix répètent. On reste un moment indécis : deux assassins, dont un était le Grand-Nicolas, la soutiennent; car il eût été impossible, dans l'état où elle était, qu'elle se fût tenue debout. Tandis que les esprits restent en suspens, que ceux qui prennent à elle un vif intérêt espèrent encore, un de ces monstres, ennuyé par cette suspension, qui retarde l'heure du crime, cherche à se distraire par une de ces indignes plaisanteries où se livre froidement cette classe vile et infâme dans les momens les plus terribles. Il imagine d'enlever le bonnet de madame de Lamballe avec la pointe de son sabre; mais comme il était ivre, ainsi que tous ceux qui servaient à ces exécutions, et avait par conséquent les mouvemens peu sûrs, il atteint la princesse au-dessus du sourcil; son sang rejaillit, et en même temps ses beaux cheveux tombent sur ses épaules. L'homme est-il donc une bête féroce, que la vue du sang invite à le répandre? Dès que ces cannibales virent couler celui de la princesse, ils ne pensèrent plus qu'à assouvir sur elle leurs horribles desseins. Le nommé Charlat (1), tambour, lui décharge sur la tête un coup de bûche et l'étend à ses pieds. Vingt scélérats se jettent sur elle à coups de piques, et terminent sa malheureuse existence, mais non les horreurs qu'ils exercent sur son corps privé de la vie; ils la jettent sur un monceau de cadavres qui était au coin de la rue Saint-Antoine. Ils lui arrachent ses habits.... Décrirai-je jusqu'où se porte la rage de cette horde barbare? Non, que leur infamie s'ensevelisse dans la nuit des temps. Comment oser dire que le nommé Grison (2) sépara de ce corps, dont la beauté étonne encore, cette tête char-

---

(1) Il fut obligé, pour se soustraire aux poursuites (que pendant un temps l'on paraissait vouloir faire), de se rendre à l'armée; il inspira tant d'horreur à ses camarades, qu'ils le massacrèrent.

(2) Convaincu d'avoir été un des assassins de madame de Lamballe, et de lui avoir coupé la tête, il a été condamné à mort et exécuté à Troyes, département de l'Aube, dans les premiers jours de janvier 1797, comme chef de brigands qui désolaient ce département.

mante ; qu'il la porte chez un marchand de vin, la pose sur le comptoir, et force le malheureux maître du cabaret de leur servir à boire, et de boire avec lui et ses complices! Peindrai-je ce Grison coupant avec son sabre cette gorge charmante, dont les années avaient respecté les formes enchanteresses ! Montrerai-je Charlat, ainsi que les anciens sacrificateurs, déchirant les entrailles de sa victime, et arrachant ce cœur, jadis l'asile de la plus vive amitié, de la tendresse filiale, de la douce compassion, le portant aussi chez le même marchand, le plaçant sur le comptoir ; et comme cet homme sensible ne peut dissimuler l'horreur qu'il éprouve, ils l'entraînèrent hors de sa maison, le forcèrent de monter sur le monceau de morts et de mourans qui était près de sa porte, et de crier *vive la nation !* Il faut en convenir, si la nation eût été composée de scélérats tels que ceux-ci, on aurait pu dire : Périsse à jamais ce peuple impie ! Mais il est prouvé à présent que soixante ou quatre-vingts individus, payés par les plus scélérats des hommes, furent seuls coupables de ces crimes, et que l'unique tort de la multitude fut d'être spectatrice de ces affreuses exécutions.

Le malheureux cabaretier enfin, libre de rentrer chez lui, n'y trouva plus les brigands; ils avaient enlevé tout son argent, et s'étaient mis en marche, portant au bout d'une pique la tête et le cœur de cette malheureuse princesse. Ils attachèrent une corde aux poignets de ce corps mutilé; ils le traînèrent ainsi en traversant tout Paris. Il semblait qu'ils oubliassent que la mort est le refuge des infortunés; que là finissent et nos plaisirs et nos douleurs, et qu'ils se flattassent, par ces indignes traitemens, de prolonger au-delà du trépas les tourmens de leur victime.

Mais tout-à-coup ils s'arrêtent, et se souvenant que dans une des rues où ils passaient, demeurait une femme-de-chambre de la reine (c'était une jeune personne de dix-huit ans, extrêmement intéressante), ces forcenés entrent chez elle et lui présentent cette tête que les ombres de la mort n'ont point encore défigurée. A peine l'aperçoit-elle, que cette infortunée tombe évanouie, sans qu'il fût possible de lui arracher une parole. Elle resta huit jours dans cet état funeste, qui la conduisit au tombeau. Après avoir essayé sur cette innocente victime l'effet que la terreur pouvait causer, ils marchèrent droit au Temple, où ils arrivèrent sur les deux heures. Ils n'étaient que neuf, Charlat portait la tête et Grison le cœur : ils entrent dans la cour avec leurs complices, sans que l'on fît aucun mouvement pour les arrêter; et ce qui prouve l'esprit infernal qui régnait alors, on les reçut avec une sorte de distinction; deux cents personnes, qu'une criminelle curiosité avaient portées à suivre ces cannibales, restèrent en dehors. Cependant les commissaires de la commune, de service au Temple, s'assemblent : effrayés de la responsabilité qui pèse sur leurs têtes, ils se décident à ne pas laisser forcer la prison qui renferme la famille royale; et Danjou fait tendre un ruban tricolor portant l'inscription suivante :

Citoyens,
Vous qui à une juste vengeance
Savez allier l'amour de l'ordre,
Respectez cette barrière;
Elle est nécessaire à notre surveillance
Et à notre responsabilité.

A trois heures, le peuple arrive, un sentiment de vénération l'arrête à l'aspect de cette barrière impénétrable; il s'en approche pour la baiser avec un saint respect. Deux commissaires s'avancent alors : « Magistrats que nous honorons, dit un orateur du peuple, nous ne venons pas pour porter une main, nous ne dirons pas sacrilége, sur l'ôtage confié à votre vigilance; nous désirons qu'un nombre fixé par vous accompagne au pied de la tour cette tête impie. Nous désirons que ceux qui sont cause de tant de maux, voyent ce triste et fatal résultat de leur conjuration et de leur trame funeste ».

Les commissaires eurent la faiblesse de condescendre à cette barbare résolution, persuadés qu'en la refusant ils irriteraient cette multitude féroce : ils se déterminèrent à en prévenir le roi. Ce furent MM. Chardier, Guichard et Passoy qui se chargèrent de cette triste mission.

Depuis l'instant où madame de Lamballe avait été séparée de la famille royale, la reine n'avait pas eu un moment de tranquillité. Mais qu'elle était loin de prévoir une fin aussi funeste ! Que pourraient-ils lui reprocher? disait-elle à madame Elisabeth. Jamais elle ne s'est mêlée de rien ; sa douceur, sa bienfaisance, sont généralement connues. Hélas ! à moins qu'on ne lui fasse un crime de son attachement pour moi !

Mais, non : ils se contenteront de la tenir renfermée jusqu'à la fin de tout ceci ; ils auront besoin d'elle pour la confronter avec nous. — Oui, je crois comme vous, répondit madame Elisabeth, qu'elle souffrira, mais que leur propre intérêt ne leur permettrait pas d'attenter à ses jours. — Ah ! quelle joie, disait la reine, si je pouvais la revoir, lui témoigner ma vive reconnaissance de tout ce qu'elle a fait pour moi !

C'était au moment que ces deux princesses si célèbres par leurs grandes qualités et par leurs malheurs, s'entretenaient et de leurs craintes et de leurs espérances pour madame de Lamballe, qu'on entend retentir dans la tour les cris de ces antropophages, et le bruit qui accompagne toujours la multitude. Un effroi général se communique à cette famille infortunée. Le roi pâlit, madame Elisabeth se serre contre la reine, Madame et le Dauphin quittant les jeux auxquels ils s'exerçaient après le dîner, vinrent se jeter dans les bras de leur mère. Un moment après, ceux que j'ai nommés plus haut entrèrent et dirent au roi, qu'ils étaient désespérés, mais qu'ils n'avaient pu empêcher qu'on leur présentât les restes de madame de Lamballe que le peuple avait immolée à sa vengeance.

A ces mots, la reine jette un cri et s'évanouit. Madame Elisabeth détourne les yeux dans la crainte de voir cet horrible trophée de la fureur populaire. Madame se cache dans le sein de sa mère; et son frère, qui ignore le sujet de tant d'alarmes, pleure et aurait volontiers demandé, comme au 20 juin, si hier durerait toujours.

Le roi, maître de lui-même, écoute avec le plus grand sang-froid les causes de la conduite des commissaires, et leur répond : *Vous avez raison, messieurs.* Ils se retirent aussitôt, et l'on approche de la fenêtre du roi cette tête naguère si charmante, qui conserve encore, malgré le trépas, l'empreinte de l'âme qui l'animait; elle n'est ni sanglante ni défigurée; ses longs et beaux cheveux flottent au gré des vents. Mais personne de ceux qui composent la famille royale, grâce à l'humanité des commissaires, n'est frappé de cette douloureuse image, et les scélérats ne purent répéter sur eux l'effet terrible qu'ils avaient produit sur cette infortunée dont j'ai rapporté plus haut la funeste histoire.

En quittant le Temple, ces scélérats se rendirent, avec leur horrible trophée, au Palais-Royal, et placèrent la tête de la malheureuse princesse en face des fenêtres de la salle à manger où M. le duc d'Orléans était à table avec madame de Buffon et quelques Anglais. Je tiens d'un officier du prince, qui était présent, que le duc, en apercevant la tête de sa belle-sœur, pâlit et fut à l'instant de s'évanouir; puis jetant un œil effrayé sur ses tristes restes, il s'écria : *L'infortunée! si elle m'avait cru, elle ne serait pas là.*

Cependant, ces forcenés craignent qu'il n'existe quelque quartier de cette ville immense qui ne soit pas instruit de leur horrible exécution. Ils poursuivent leur route, traînant toujours après eux le cadavre meurtri et déchiré de celle dont la tête et le cœur leur servent d'étendard. Vingt fois les personnes attachées à la princesse ou à M. le duc de Penthièvre, tentèrent d'arracher ces restes précieux à ces furieux pour les transporter à Vernon, mais ce fut inutilement. Ces monstres veillaient sur leur proie comme des bêtes féroces, et malheur à qui aurait osé en approcher. Enfin, après avoir erré dans les rues les plus peuplées de la capitale, ils parvinrent aux halles et arrivèrent à l'Apport Paris, où un boucher, faut-il répéter de semblables horreurs, ôta le cœur de la pique, le hacha, et voulut contraindre ceux qui étaient là de le manger : tous refusèrent. « Que les chiens, dit-il alors, s'en nourrissent! » Ils allèrent aux différentes prisons où l'on avait égorgé tant de victimes. Enfin, las de cette horrible journée, ils jetèrent le corps de cette princesse sur le monceau de victimes qui se trouvaient au Châtelet. En vain chercha-t-on à le reconnaître, cela fut impossible ; et celle que tant de grâces, de vertus, de grandeurs, paraissaient avoir appelée à la plus brillante destinée ; celle que sa constante amitié et sa bienfaisance rendaient si chère à tout ce qui avait le bonheur de l'approcher ; celle dont la race se perd dans la nuit des temps, et dont sa branche avait pour chef un des plus grands hommes qui ait honoré l'Italie, ne jouit pas même du droit que l'habitant pauvre des campagnes a de reposer en paix dans une tombe particulière, où le tertre couvert de gazon abrite ses froides dépouilles. Là, au moins, ceux qui l'aimèrent peuvent venir pleurer et prier pour lui.

Mais la princesse de Carignan, la femme de l'arrière-petit-fils de Louis XIV, est transportée avec des milliers de cadavres que l'on précipite dans une des carrières de la plaine de Mont-Rouge. Lorsque ce gouffre eut servi à dérober aux regards effrayés ces muets témoins de tant de crimes, on le combla; et tels furent les honneurs funèbres que l'on rendit à cette illustre victime. O Emmanuel! Emmanuel (1)!

---

(1) Lorsque cet ouvrage venait d'être imprimé, j'appris qu'un officier de la maison de M. le duc de Penthièvre, qui avait eu le courage de suivre la marche des assassins jusqu'à l'instant où ils jetèrent les restes de madame de Lamballe sur un monceau de morts, auprès du Châtelet, s'était emparé de la tête de cette princesse, n'ayant pu effectivement reconnaître son corps; et après l'avoir tenue cachée chez lui pendant vingt-quatre heures, il la porta à Vernon, où elle fut inhumée dans la sépulture que M. le duc de Penthièvre y avait fait préparer pour lui et sa famille, lorsqu'il vendit Rambouillet au roi. J'ai rapporté ce fait avec plus de détail dans la vie de M. le duc de Penthièvre, qui se trouve chez LEROUGE, libraire, passage du Commerce.

FIN DU DEUXIÈME ET DERNIER VOLUME.

www.ingramcontent.com/pod-product-compliance
Lightning Source LLC
Chambersburg PA
CBHW062007180426
43199CB00033B/1509